JN248444

東京の古本屋

橋本倫史

本の雑誌社

南池袋の古書往来座。店主の瀬戸雄史さんは5分でお昼を平げ、すぐに仕事に戻る。

西荻窪・盛林堂書房。工作好きだった店主の小野純一さんが、破れた本の繕いをする。

早稲田・丸三文庫。店主の藤原健功さんは、古書信天翁の山﨑哲さんと仕入れた品を読み耽る。

駒込のBOOKS青いカバ。本の要塞で、店主の小国貴司さんは頼まれた原稿を練る。

下北沢の街とともに。古書ビビビの店主・馬場幸治さん、開店準備中です。

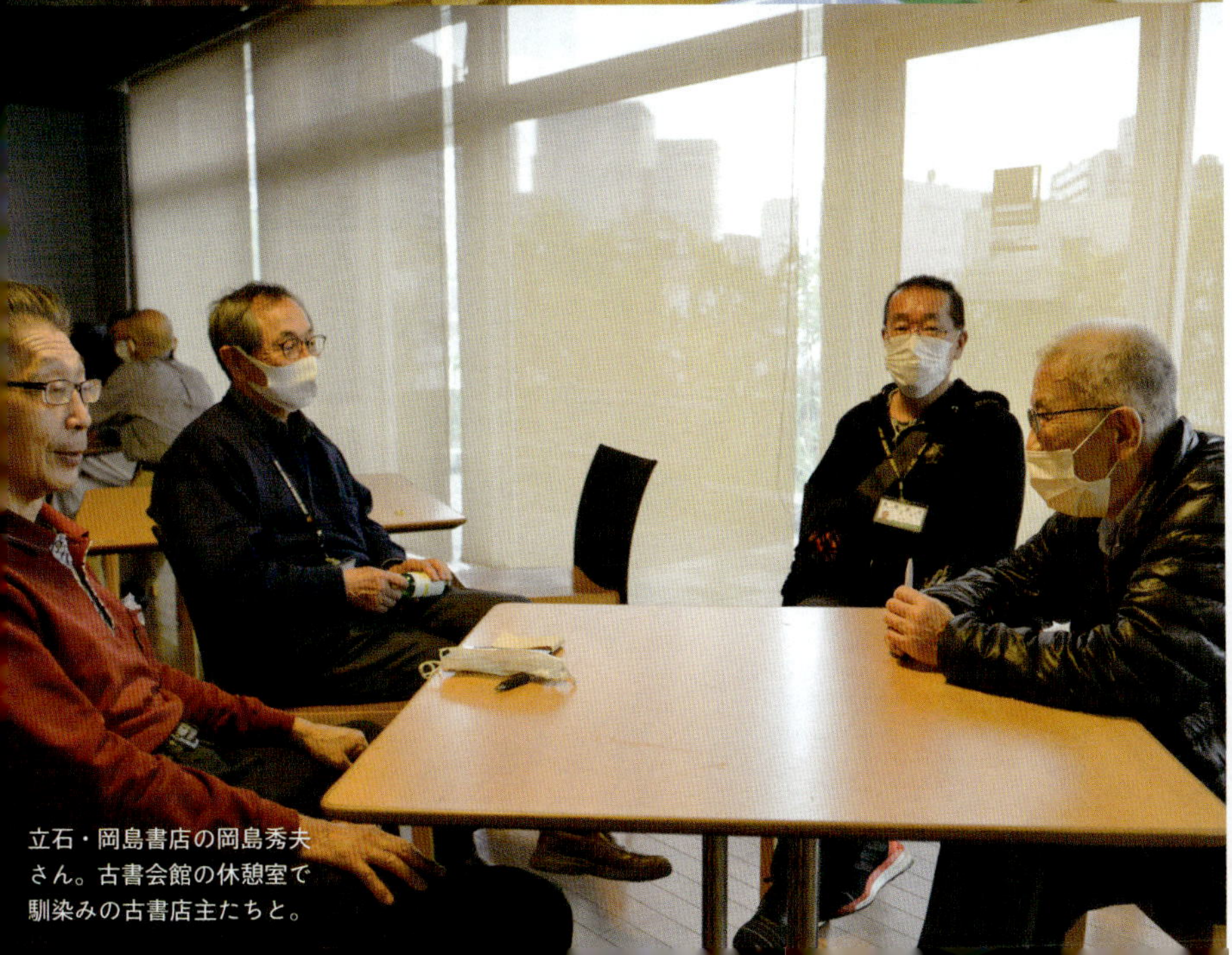

立石・岡島書店の岡島秀夫さん。古書会館の休憩室で馴染みの古書店主たちと。

高円寺・コクテイル書房の狩野俊さん。小上がりでご飯を食べて、相談ごとをして。

洋書の古書が並ぶ神保町・北澤書店。北澤一郎さん恵子さん夫妻と長女里佳さんが店を切り盛り。

本を運ぶのも慣れたもの。小金井・古書みすみの深澤実咲さん。リニューアルで棚は木目調に。

東京古書組合で明治古典会の準備を進める経営員の皆さん。写真上段の木箱が本を並べる「ヨーカン」。

同じく明治古典会でお昼のお弁当を並べる古書みすみの深澤さんと北澤書店の北澤里佳さん。

東京古書組合、こちらは東京資料会の様子。古本トロワの長田俊次さんは昼食の買い出しに。

東京資料会での開札中の作業風景です。手前から長田さん、深澤さん、青聲社・豊蔵祐輔さん。

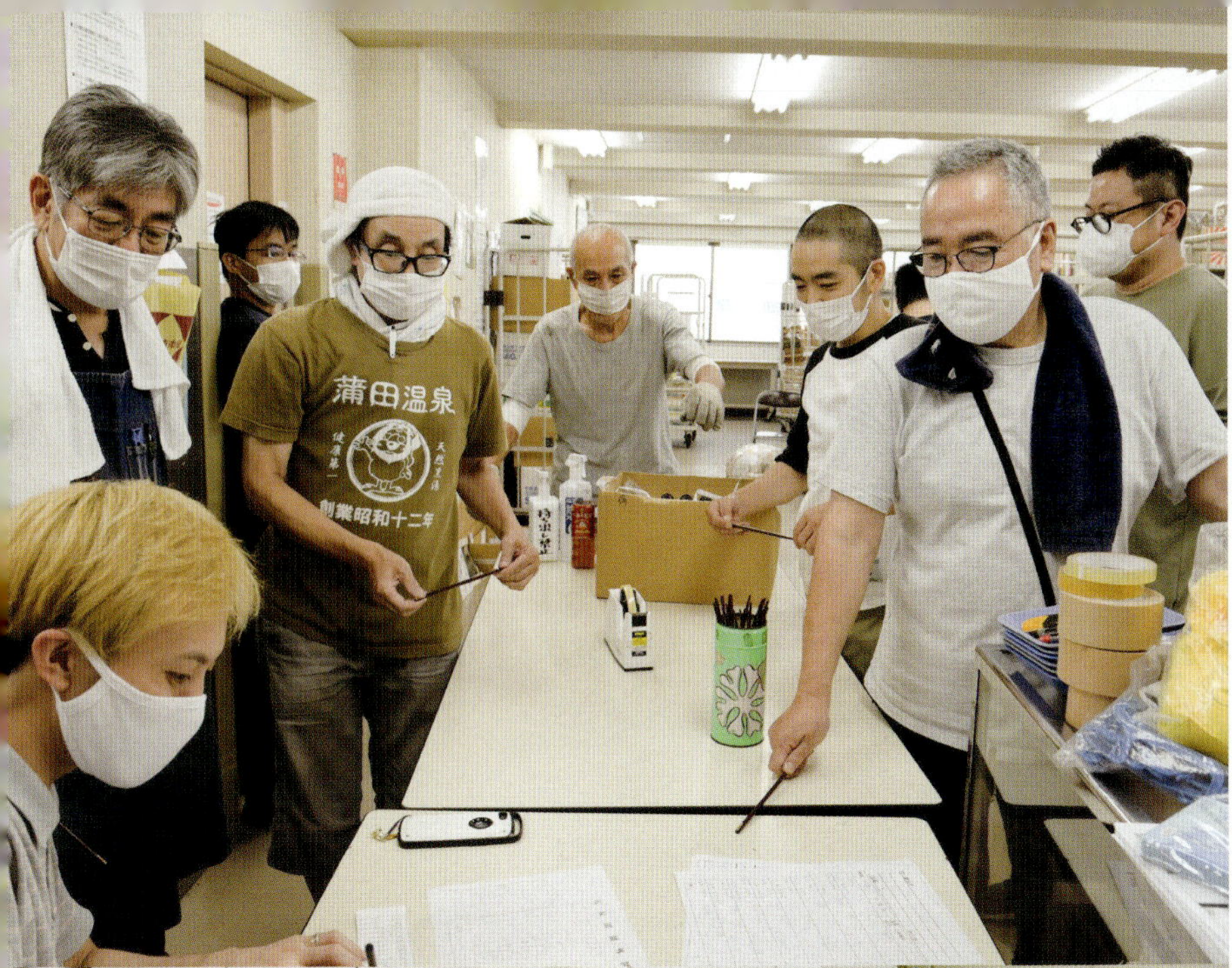

8ヶ月ぶりに開催された古本市・五反田遊古会。均一台の場所を決めるくじ引きも熱を帯びる。

南部古書会館への道すがら、近所の人たちが路上に繰り出しブルーインパルスを探していた。

東京の古本屋
目次

はじめに

古本屋と聞いて、どんな姿を思い浮かべるだろう。

一日のほとんどを帳場に腰掛けて過ごし、読書をしながら静かに客を待つ店主の姿だろうか。あるいは、立ち読みをする客がいればハタキをかけ、咳払いの一つでもする、気難しそうな店主の姿だろうか。ぼくも昔は、古本屋に対してそんなイメージしか持ち合わせていなかった。そもそも、ぼくが生まれ育った街には古本屋が存在しなかった。

古本屋に触れたのは、東京に暮らし始めてからだ。

上京して最初に住んだのは高田馬場のアパートだった。そこから15分ほど歩けば早稲田の古本屋街があったけれど、古本屋というものにまだ馴染みがなく、通り過ぎるばかりだった。大学4年のときに履修した授業がきっかけで、少しずつ古本屋に足を運ぶようになったものの、そこですぐに古本好きになるほど、読書に親しんでいなかった。

古本屋に足繁く通うようになったのは、そこで働く人たちと仲良くなってからだ。本を買いに通っているうちに、帳場で話したり、閉店後にお酒を飲んだりするようになった。

そうして時間をともにするにつれ、かつてイメージしていた古本屋とは違う姿が――古本屋の生活が垣間見えるようになった。その姿を、生活を書き記しておきたくて、2019年12月に取材にとりかかり、WEB本の雑誌で連載を始めた。ひとつのお店に3日間お邪魔させてもらって、時に雑用を手伝いながら、古本屋に流れる時間を日記のように記録する。この連載に編集部がつけてくれたタイトルが「東京の古本屋」だった。

大それたタイトルで取材を始めてしまったけれど、ぼくは東京の古本屋を網羅的に知っているわけではなく、東京の古本屋を描き切ったとはとても言えない。それでも、どうにか古本屋の姿を書き記すことができたらと、取材を重ねた。

連載を始めるにあたり、まえがきを書いた。

ぼくはそこに、「これは古本屋に流れる時間の記録であり、2020年の東京の風景の記録でもある」、と書いている。

当初は1年間のつもりだった連載は、何度か中断を余儀なくされ、1年半続くことになった。改めて言い直せば、この本は古本屋に流れる時間の記録であり、2020年から2021年にかけての東京の風景の記録であり、生活の記録だ。

写真＝橋本倫史
カバー表1：岡島書店（立石）
カバー表4：古書 往来座（池袋）
表紙：古書ビビビ（下北沢）

装丁＝川名 潤

2019年

古書　往来座

12月27日（金曜）

11時50分、開店時刻は10分後に迫っている。「古書　往来座」はまだシャッターが降りたままだ。店の脇にまわってみると、一箇所だけシャッターが上がっていて、店内に灯りが見えた。扉を開けると、棚の向こうから「はっち、おはよう」と声がする。ぼくのことを「はっち」と呼ぶ店主の瀬戸雄史さんは、開店前に一服しているところだ。煙草の火を消し、シャッターを全部上げて、店の外に棚を運び出す。店の目の前にあるバス停にいたお年寄りたちが、一斉に棚を眺め出す。通りがかる人たちも足を止める。

外に並べる棚には、昨日の営業終了時と同じ状態で本が並んでいる。だから、棚をそのまま運び出せば営業が再開できるのに、瀬戸さんは細かく本を並び替える。

「歌舞伎の見得切りじゃないけど、本が見得を切るんだよ」と瀬戸さんは言う。「常々棚をタッチすることが大事で、タッチしてないとどうも落ち着かなくて。久し振りに触ったら、それがすぐに売れるっていう不思議なことがあったりするんだよね」

この日、東京では最大瞬間風速20メートルが記録され、強い風が吹き荒れていた。瀬戸さんは棚をワイヤーで固定したり、ビニール紐で柱に巻き付けたりしている。「雨なら雨で『外の棚は出さない』って覚悟が決まるんだけど、風が困るんだよね」。ボヤきながら棚を並べ終えるころには、30分が経過している。「準備中」の垂れ幕を外し、12時20分、開店を迎える。びゅううと風が唸るたび、瀬戸さんは外に顔を向け、様子を窺っている。「ここ5年くらい、風がどんどん暴力的になってる」と語る瀬戸さんは、なんだか漁師のようでもある。

瀬戸さんが箒がけしていると、イラストレーター・武藤良子さんがやってくる。武藤さんはすぐ近くに住んでいることもあり、頻繁に店に顔を出し、時には店番を手伝っている。武藤さんが鬼子母神の西参道にある「三《み》升《ます》屋《や》」でお弁当を2個買ってきてくれたので、瀬戸さんと食べる。シャケと、フライが2枚、それにつくね串がついて500円だ。食べ始めて5分と経たないうちに瀬戸さんは立ち上がり、外の棚が倒れてないか様子を見にいく。瀬戸さんが座っていた場所に視線を向けると、お弁当はもう空になっていた。

食後に一服すると、数日前の出張買取で入荷したばかりの文庫本の値付けに取りかかる。瀬戸さんが好きな曲を集めたプレイリストが、パソコンからシャッフル再生されている。最初に流れてきたのはRCサクセションの「風に吹かれて」だ。たったたったたっと値段を決めて、最後のページに鉛筆で書き込んでゆく。そんなにすぐに値段を決めるんですねと訊ねると、「今日入ってきたのはスタンダードなやつ——売れるスピードは早くないけど、必ず売れるやつ——が多いから、あんまり考えないかも」と教えてくれる。値段の基準は、気分が70パーセント、20パーセントが経験と勘、あとの10パーセントは調査（ネットで相場を調べる）。「気分の割合が大きくなったのはこの2年ぐらいだけど、良い映画を観て『ああもう人間！』って気持ちの日は、安くつけちゃったり、二日酔いで反省してるときも安めにつけちゃうね」

年の瀬とあってか、お客さんは少なく、静かに時間が流れる。「こういうときって、とんでもないことが起きるんだよね。魔はまどろみに現れる」。瀬戸さんが自分に言い聞かせるようにつぶやく。ひとしきり値付けを終えると、店の奥に引っ込んで一服する。「今日はなるべくだらしないとこ見せないようにと思ってたんだけど」。瀬戸さんが照れくさそうに言い訳する。昨日は年内最後の出張買取があり、もう仕事を納めたような気持ちになっている。

番台に戻ってきた瀬戸さんは、ノートを手にしている。それは「古本大學」時代から書き継がれてきた金銭出納帳だ。「古本大學」は吉澤隆社長が創業した古本屋で、瀬戸さんは東京芸術劇場内のお店で働いていた（この芸術劇場店の他に、明大前店や経堂店があったそうだ）。瀬戸さんは「古本大學」（芸術劇場店）を引き継ぐ形で、２００２年に独立。

2004年に現在の場所に移転し、「古書 往来座」を開業している。

「僕が『古本大學』に入ったのは1995年なんだけど、社長は明大前店にいて、うちにはほとんどこなかったから、今日はこんなものが売れましたって報告しなきゃいけなかったの。何がいくらで売れたか、全部このノートに書いてたんだよね。出納帳は今もつけてるんだけど、このころは字がきれいで丁寧なんだ。で、今より売り上げが良くて、倍くらいあるんだよ。読み返してると、その本を買ったお客さんを思い出したりする。このノートがうちの店なんじゃないかって気がするし、10分後に地震がくるって言われたら、本じゃなくて出納帳を持って逃げるかも」

出納帳には、その日売れた本のタイトルや値段がびっしり書かれている。そこには本だけでなく、CDやゲームの名前もある。「ブックオフにやりたいことを取られた」と社長はこぼしていたそうだ。

「売れたものだけじゃなくて、天気とか気温をノートに書いてた時期もあるんだよ。どうすれば売れるか、研究してたんだね。店を良くしようと必死に導火線を引いて、考えて遊んでた。今も考えてるんだけど、昔は答えが出るのが早くて、お客さんとの触れ合いで体現されてた気がする」

そんな話をしているうちに15時半になり、のむみちさんが出勤してくる。のむみちさんは、「古本大學」時代から瀬戸さんと働いてきた同僚で、「古書 往来座」で働くかたわら、名画座の上映情報を手書きでまとめた『名画座かんぺ』を発行している。

瀬戸さんは20年前のノートを手に取り、「これを見ると、いかにアバズレになったか、よくわかる」と差し出した。受け取ったのむみちさんは「え、何でこんなにきれいに書いてんの？」と目を丸くする。

コートを脱ぎ、エプロンを纏う。のむみちさんのエプロンには缶バッジがたくさんついている。「代表、何時にきた？」のむみちさんがぼくに訊ねる。11時50分ですと答えると、「かっこつけやがって」と笑う。普段は時間通り12時に店が開くことはほとんどなくて、1時間近く遅れることもザラだという。のむみちさんが不満を漏らしていると、「違うんだよ、この取材を機会にして、心を入れ替えたいんだ」と瀬戸さんが言い訳する。

「なるほど、素晴らしいじゃない」。そう笑いながら、のむみちさんは出納帳を手に取り、店内の棚を確認して歩く。「このノートに書かなきゃいけないから、一気にたくさん売れたときは焦るんだよね」とのむみちさん。棚がどう動いたかを確認すると、番台に戻り、瀬戸さんと一緒に値付けに取りかかる。のむみちさんは濡れた雑巾と薬品で汚れを拭き取ってゆく。

「店をやってるとさ、テクニックを突き詰めようとしちゃうんだよ」と瀬戸さんが言う。「僕はテクニックみたいなことが好きだから、薬品は何がいいかとか、そこを突き詰めちゃうの。でも、本質的にはテクニックを気にせずにやれたほうがいいんだよね」

店には小さなテクニックが溢れている。何気なく並べられているような外の棚も、よく見ると風で動かないように、キャスターをタイルの溝に噛ませてある。そういったテクニックについ目を向けてしまうけど、店はもっと奥深いものなのだろう。

気づけば日が暮れている。若い男女が来店し、本を1冊お買い上げ。会計を済ませると、「顔はめパネル、やらせていただいてもいいですか?」と切り出す。

「古書 往来座」には、顔はめパネルを兼ねた面陳棚がある。工作好きの瀬戸さんが1週間前に完成させたばかりの棚だ。お客さんはツイッターでその存在を知り、わざわざ訪ねてきたのだという。「棚が倒れちゃう可能性があるので、あんまり棚を前に押さないようにして、膝は横に曲げる。これがコツですね」。瀬戸さんは若い男女に熱心にアドバイスしている。

撮影が終わり、顔はめパネルを元に戻すと、瀬戸さんは奥に下がってゆく。一服して番台に戻ってきた瀬戸さんは、真新しい膝当てを手にしている。

「俺、工作が大好きだから、ズボンの膝を擦っちゃって、あっという間に駄目になるの。それに気づいてガムテープを貼ったりしてたんだけど、ビバホームでこれを見つけて買ってきたんだよ」

1個200円の膝当てを装着すると、「あ、完璧!」と瀬戸さんは嬉しそうだ。膝当てをつけたまま木材を取り出し、図面を見ながら線を引き始める。今日はこれから新たな工作に取りかかるようだ。

「これはね、店の奥にある海外文芸棚の上に、棚を一列増やしたくて。そこに防犯ミラーがあるんだけど、番台から見えない角度があるから、防犯ミラーの位置を変えたいんだよね。前は防犯カメラがあったんだけど、それが壊れちゃったから、防犯ミラーで見えるようにしたくて」

瀬戸さんは板に線を引き、切断し、あっという間に木箱を作り上げてゆく。

ぼくはこれまで、瀬戸さんのことをただ「工作が好きな人」だと思っていた。でも、こうして働く姿に見入っているうちに、それだけではなかったのだと気づかされる。店は場所に根ざした商売だ。今日のように風の強い日でも、雨の降りしきる日でも、店を移動させることはできない。同じ場所で毎日を過ごしているなかで、「ここがこうだったらいいのに」と、目の前にあるのとは違う風景を想像し、それを実現させるのが工作なのだろう。

最後に色を塗り、棚が完成する。さっそく防犯ミラーの位置を動かすと、「もうビール飲んじゃおうか」と瀬戸さんが言う。気づけば21時近く、閉店まで1時間ほど。のむみちさんからお小遣いをもらって、隣の100円ローソンで麦とホップを買ってきて乾杯する。

缶を手に、棚を眺める。店に入ってすぐの棚には、往来座編集室で発行している『名画座手帳』が並んでいる。『名画座手帳』の帯には柳家小三治さんとのんさんによる直筆コメントが掲載されており、その生原稿が棚に飾られている。

ふらりと、常連のお客さんがやってくる。

「岩波文庫の『濹東綺譚』を探してるんですが、さっき新刊本屋に行ってみると、岩波文庫は品切れだって言われてね。しょうがないから角川文庫のを買ったんですけど、岩波文庫には木村荘八の挿絵が入ってるらしいんですよ。それが良いっていうんで、探してるんですけどね」

瀬戸さんとのむみちさんは、それぞれ文庫棚と日本文学棚を確認しに走ったけれど、新潮文庫の『濹東綺譚』しか在庫はなかった。

「記憶しておいて、入荷しましたら――」

瀬戸さんがそう言いかけると、遮るようにお客さんが口を開く。

「記憶すんのはよしましょう。そんなことは厄介です。残念だけどしょうがない。じゃ、また。お邪魔しました」

良いお年をお迎えください。年末の挨拶をしてお客さんをお見送りする。瀬戸さんは「さっき見かけた気がするんだけど」と首を捻っている。自分の記憶を辿るように、値付けを終えたばかりの山を探っていた瀬戸さんが、「あった！」と声を上げる。そこには確かに岩波文庫版の『濹東綺譚』があった。この本ありませんかと訊ねられたとき、ちょうど店に在庫があるのは40回に1度くらいの確率だという。瀬戸さんはすぐに『濹東綺譚』をのむみちさんに手渡し、「お年賀だって言って、あげちゃって！」と伝えて送り出す。

幸運にも、お客さんはまだ店の前でタクシーを拾おうとしているところだった。のむみちさんが『濹東綺譚』を差し出すと、「よくおぼえてたねえ」とお客さんは笑った。

12月28日（土曜）

池袋駅東口でバスを降りると、交差点に黄色の看板がいくつも掲げられている。年末になるとよく見かける、聖書の言葉を抜粋した看板だ。近づいてみると、看板を掲げているのはこどもだった。この子たちは将来、年末年始の風景をどんなふうに思い出すだろう。

12時半に「古書 往来座」に到着すると、もう店は開いており、お客さんが数人、棚を眺めている。昨日のことを思い出し、お弁当買ってきましょうかと訊ねると、「あ、食べたい」と瀬戸さんが言う。「チキン系が一番良いんだけど、チキン系がなければハンバーグ、ハンバーグがなければ唐揚げ、唐揚げがなければなんでもいい」。チキン、ハンバーグ、唐揚げと繰り返しながら店を出て、参道を歩く。スーパーの軒先には「だて巻」や「ふな甘露煮」と描かれた短冊が飾られていて、花屋には松飾りが並んでいる。いよいよ年の瀬だ。

デミグラスハンバーグ弁当を2個買って帰り、瀬戸さんと食べる。計ってみると、ぴったり5分で食べ終えてしまった。

14時半、武藤さんやってくる。店のパソコンを広げると、瀬戸さんのiPhoneを機種変更する手続きを進めている。瀬戸さんのiPhone5はバッテリーがとっくに寿命を迎えており、携帯できなくなっている。これを年内に機種変更しておきたいのだと瀬戸さんは語る。

「毎年、最終営業日のあとに忘年会があって、来年の目標を皆で決めるんだけど、1年後の忘年会でそれを実現できたかを確認するの。今年の目標に『瀬戸スマホ変更』っていうのがあって、忘年会で『これ、まだ変えてないでしょ』って皆に言われたときに、『何のこと?』って新しいスマホを見せたいんだよ」

15時過ぎ、のむみちさんがいつもより早く出勤すると、瀬戸さんは「ちょっと買い物に行ってくる」と言い残し、そそくさと出かけてゆく。のむみちさんはエプロンを身に纏い、値付けされたばかりの文庫たちを棚に差し込んでいく。棚はすでにみっちり埋まっているけれど、ビニールでパックされた揃い物や、ダブっているものを棚の上にどかしてスペースを作り、そこに新入荷を差し込んでいく。

「配架するときが一番楽しいんだよね」。のむみちさんが言う。「何が嬉しいって、棚が潤うのが嬉しくて。あとね、映画を観るようになって、職場に対する愛情が芽生えたんだよね。映画を観て、『ああ、これは丹羽文雄が原作だったんだ』って思って出勤すると、棚に並んでるのよ。それって恵まれてるよなーってすごく思うから、足を洗えない。入ってきて嬉しかった原作本はね、ビニールでパックして、そこに映画のタイトルとか監督とか主演の名前を書いたこともある」

静かな店内に、カタンカタンと音が鳴る。スチールラックに本が配架される音だ。お客さんが来店すると、のむみちさんは「どうもー！」と出迎え、「良いお年を！」と見送る。それを何度か繰り返すうちに日が暮れる。帳場に積み上がっていた文庫の山が消えたころに、切貼豆子さん、通称「豆ちゃん」がやってくる。豆ちゃんが来店するのは久しぶりだ。しばらく前に引越したのむみちさんが、「結構便利だよ。西友も24時間営業だから」と、引越し先の感想を伝える。

「ああ、いいね。意外と23時で閉まる西友もあるから」と豆ちゃん。

「だから昨日、帰りに電子レンジ買っちゃった。びっくりするぐらい素晴らしいね。『文明万歳！』って思ったもん。物が温まるって幸せなことだね。今日は何を温めっかなー！」

「最近はカレーとかも、キャノン砲みたいにして温めれるからね」

「え、何それ？」

「レトルトカレーってさ、箱に入ってるじゃん。中の袋は蒸気が逃げるように工夫されてるから、器に出さなくても、箱のまま電子レンジで温められんの」

「すごいね。今まで電子レンジがなかったから、そういうのに目が向いてなかったんだね」

話に花を咲かせているところに、買い物を終えた瀬戸さんが帰ってくる。小一時間ほど滞在した豆ちゃんを見送ると、「豆ちゃんの口三味線――スタンダップコメディみたいにしゃべりまくる感じ――しばらく聞いてなかったから嬉しい」と瀬戸さんが漏らす。

今日は最後の通常営業日とあって、常連のお客さんも、久しぶりのお客さんもやってきて、賑やかな夜となった。夜に「古書 往来座」を訪れると、お客さんが帳場を囲んでいることが多々ある。ただ、お客さんとの距離感は、瀬戸さんとのむみちさんとで違っている。

「今はちょっと変化してるんだけど、俺はね、『古本大學』のときからずっと友達を探してたんだよ」。閉店後の店内で瀬戸さんが言う。「たとえばコンビニの人が友達欲しいと思ってお客さんに接してたら、すごく良いお店になると思う。だから、昔の僕はずっと演技してて、演技することが大好きで、その演技をお客さんが褒めてくれたんだよ。うちの店は、本を買いにくるっていうより、しゃべりにくる人が多いでしょ。でも、『古本大學』のときは、もっとそういうお客さんが多かった。そのころは社会全体に金があったから、そういうお客さんも本を買ってくれてたんだよね」

良い演技をしたい――そう語る瀬戸さんに比べて、のむみちさんはどこまでもナチュラルだ。「だって、演技のつもり、全然ないよ」とのむみちさんが言うと、「のむはさ、西洋の図太い牛なんだよ、俺は繊細な小鳥」と瀬戸さんが言葉を返す。

「ああでも、アメリカナイズされてる部分は絶対あると思う」とのむみちさん。「それはアメリカに行ったからじゃなくて、もともとそうだった。日本人なのにフランクだって、

販売中
古書往来座
限定特典
『OLYMPIC FLASH
旧作邦画の運動会』
付き
¥2000
名画座手帳2020
凄いうれしい
持っていたい
柳家小三治
日本映画へのときめきが詰まっている。
すてきな手帳ですね。　のん
のん（女優・創作あーちすと）

アメリカ人にびっくりされたもん。あと、小さいころから、大人と過ごすほうが楽だったかも。昔からおばちゃん気質があったんだけど、当時は変に思われてたと思うんだよね。だって嫌じゃん、こんな小学生。でも、この年齢になって、自然体でいるのがだいぶ楽になった。これは不思議な感覚だね」

のむみちさんが「古本大學」で働き始めたのが２０００年だから、ふたりは20年近く一緒に働いている計算になるけれど、「何度辞めてやろうと思ったことか！」とのむみちさんは笑う。でも、辞めなかったんですねと訊ねてみると、「いやー、ここは辞めらんないでしょ」ときっぱり言う。

気づけば時計の針は22時をまわっていて、外に出していた棚を店内に収納してゆく。瀬戸さんが前野健太さんの「鴨川」を流す。前野さんはシンガーソングライターとしてデビューする前に、「古本大學」（明大前店）で働いていた時代がある。

「この曲を聴いてるとさ、『社長、聴いてますかー！　前野君が唄ってますよー！』って思うんだよね。前野君と俺は別の店舗だったけど、殴り合いながら店作りをやりたかったな」。そう言いながら、瀬戸さんは宝酒造の極上レモンサワーを呷る。

「あれ？　あんた、私の飲んだ？」とのむみちさん。

「どれが俺のか、わかんなくなっちゃった」と瀬戸さんは笑う。番台には極上レモンサワーが何本も並んでいる。

のむみちさんの表情は、営業中とどこか違っている。今日の営業中、お客さんが誰もいなくなったタイミングは何度となくあったけれど、お客さんの有無で表情に違いは見られなかった。でも、閉店後の今、のむみちさんの目はちょっと鋭くなっている。

閉店後の棚も、灯りが消えているせいか、営業中とは違って見える。

「この暗闇を見てると、今日を問われるんだよ」と瀬戸さん。「今日ちゃんとやったかどうか、問われてる気がするんだよ。それはね、お客さんに本を手にとってもらえるように並べて、こっちの思惑通りにお客さんに買ってもらえたとか、そういうことじゃない。俺は別に、美しいマジックをやりたいわけじゃないから。なんかね、店は深夜に作られるんだよ。誰もいない暗闇で念みたいなものが店を作ってる」

「私も閉店後は結構好きかも」。のむみちさんが同意する。「私は暗闇じゃないんだけど、ある程度電気を消した中で、棚を眺めるのは好きだな」

どれが誰のだかわからなくなった缶チューハイを飲みながら、お客さんは見ることのできない店内の様子を眺めているうちに、夜が更けていく。

12月29日（日曜）

昨日から帰省ラッシュが始まり、東京から人が減っているはずなのに、池袋駅のホームは人が溢れている。西武百貨店の地下を覗くと、お年賀にするのだろう、スイーツ売り場はあちこちに行列ができている。ただ、正月用の惣菜を並べた特設売り場は閑古鳥が鳴いていた。

12時50分、昨日と一昨日は非番だった退屈さんが店を開ける。退屈さんは、２００４年に開設した「退屈男と本と街」というブログが反響を呼び、本好きのあいだで「退屈男」の名で知られている（瀬戸さんは「タイタイ」と呼んでいる）。退屈さんが棚を外に並べているうちに、のむみちさんがやってくる。

今日は「古書 往来座」の大掃除である。店内は営業せず、外の棚だけ販売する。「準備中」の垂れ幕をかけ、「本日は、店外のみの営業となります。ご了承ください」と貼り紙をする。それでもお客さんが入ってきてしまうので、立て看板で入り口を塞ぐ。

ほどなくして武藤さん、瀬戸さんがやってきて、大掃除に取りかかる。瀬戸さんは店の外の窓を拭く。武藤さんは、荷物がゴタゴタと積み上げられ、けもの道のようになった流し台前を整頓する。のむみちさんと退屈さんは、番台裏の棚から本をどかしてゆく。あとで元通りに並べられるように、丁寧に区分けして、床に敷いた布の上に置く。

「すみません、本の買取ってお願いできますか」。30分に1度位、紙袋を提げたお客さんが顔を覗かせる。大掃除をしたのだろう、昨日と今日は本を持ち込むお客さんがチラホラいる。何十冊と持ち込むというよりも、十数冊持ち込んで、「値段がつかなくても、引き取ってもらえたら」と口にするお客さんもいる。

大掃除を始めて1時間半が経過したところで、「何これ！」と声が響く。けもの道を整理していた武藤さんが発見したのは、「古書往来座」と書かれたプラカードだ。

「ああ、懐かしい！」窓拭きを中断し、メビウスを吸っていた瀬戸さんが言う。「2005年ごろに、池袋西口公園の古本まつりに出たとき、八勝堂さん（池袋西口にあった、老舗の古本屋。2018年閉店）が作ってくれたんだよ」

「最初、『往来座』じゃなくて『従来座』になってたんだよね」とのむみちさん。

「そうそう。作り直してもらったんだけど、結局2500円取られたの。それで捨てられなかったんだよ。このとき、初めて古本まつりに出たんだよね」

大掃除は続く。作業開始から2時間ほど経ったところで、ようやく番台裏の本をどかし終える。棚を抜き去ると、そこは一面ガラス張りになっている。「古書 往来座」は、この窓を塞ぐように棚を配置している。

「ここを塞がずに、外から店内が見えるほうがお客さん入ると思うんだけど」と退屈さん。

「明るいねえ。全然違う店だよね」とのむみちさん。「大掃除のとき、毎年この作業をやるんだけど、普段と違って外のお客さんと目が合うから、恥ずかしいの」

窓に洗剤を吹きかけて、きれいに拭いてゆく。10分とかからず窓拭きを終えると、棚に本を戻してゆく。2時間かけて本を並べ終えると、最後はワックス掛けだ。

「これが一番嫌な仕事なんだけど、でも、これは最後じゃないとできないからさ」。のむみちさんは床にワックスを撒き、中腰のまま雑巾で拭いてゆく。スパイダーマンみたいだ。ぜえぜえ言いながら磨き終えるころには、18時になっている。手を洗おうと流し台に向かったのむみちさんが、「すごい、広くなってる！」と感動の声を挙げる。

「だろ？」武藤さんは誇らしそうだ。

「走れるよ、これ」とのむみちさん。

「走れねえよ」と武藤さんが笑う。

「これなら住めるよね」と退屈さん。

「住めねえよ」と武藤さん。武藤さんの掃除ぶりは目を瞠るばかりだけど、走る、住むという発想はなかった。

忘年会は19時からだ。少し時間があるので、缶ビールで乾杯する。今日は第3のビールでもチューハイでもなく、缶ビールのロング缶。後片づけをして、忘れ物がないか確認し、シャッターを閉める。皆、「おつかれさま」と口々に言う。店に振り返って、もう一度「おつかれさま」と言う。

缶ビールを手に、予約した店を目指す。例年は明治通りを挟んですぐの「升三」――お弁当の「三升屋」の息子さんが営む居酒屋――で開催しているけれど、今日は日曜日で営業しておらず、今年は池袋西口にある中華料理店「蘭蘭」になった。

路地を抜けると、ライトアップされたビルが見えてくる。瀬戸さんが「これ、うちの本社」と指差すそのビルは、今年の春に完成した西武鉄道の本社ビル「ダイヤゲート池袋」である。「このビルの上はデッキになってて、すごく良いんだよ」と瀬戸さんが教えてくれた。「これまで、この道はすごく暗かったけど、ビルができて、デッキも開放されてて。その、開いてるってことが画期的なんだよ。このへんの住民からすると、面積が増えた感じがするんだよね」

予約の時間が迫っていることもあり、皆は瀬戸さんの言葉を気に留めず、店へと急ぐ。皆の後ろ姿を、瀬戸さんは感慨深そうに見つめている。全員揃って飲みに出かけるのは年に1度だ。一緒に飲むことはあっても、誰かが閉店作業をして追いかける形になるので、こんなふうに揃って歩くのは忘年会の日だけだ。

瀬戸さんのポケットには、機種変更したばかりのiPhone8が入っている。手元には今年の目標が書かれた紙と、ここ10年の売り上げ推移が記された紙がある。そこに書かれた数字は、ネット通販の売り上げは増えているものの、店頭の売り上げは少しずつ減っている。ただ、売り上げが下がっていても、古本屋を辞めるつもりはないのだと、瀬戸さんはきっぱり言った。その理由は何だろう。

「まだ、自分がやり尽くしたとは到底思えないからだと思う」と瀬戸さんは言った。「僕の心の中でしか結論は出ないんだけど、その結論がまだ出てないし、これをやり続けたら駄目だとは思わないんだよね。もっとギリギリになったら辞めるかもしれないけど、やれるならやりたいね。そう思えるのは、本を信じてるからだと思う。信じるっていうのは食欲とか性欲とかと一緒で、本能的な欲求なんだと思う。信心が薄い時期も濃い時期もあるけど、そんな本の信者なんだよね」

皆から遅れて歩く瀬戸さんの後ろ姿を見つめながら、その言葉を反芻する。今年の忘年会では、どんな目標が出るだろう。そして2020年はどんな年になるだろう。

暮らし
音楽

2020年

盛林堂書房

1月17日（金曜）

東京に暮らしてずいぶん経つけれど、通勤電車に揺られた経験は数えるほどだ。朝の中央線に乗るのは少し憂鬱だったけれど、下り方面にはほとんど誰も乗っていなくてホッと胸を撫でおろす。

今日から3日間、西荻窪の「盛林堂書房」の見習いとして過ごすことになった。せっかくだからと少し早めに駅に到着し、西荻窪の街並みを散策がてら「盛林堂書房」を目指して歩き出すと、2分足らずでお店が見えてくる。コンビニで買った三陸わかめのおにぎりを路上で頬張っていると、10時30分きっかりにお店のシャッターが上がり、店主の小野純一さんの姿が見えた。

「おはようございます。さっそくですけど、荷物を置いてもらって、開店作業を手伝ってもらいます」。挨拶もそこそこに、仕事に取りかかる。まず、店の外に並べる百円均一の棚を、スタッフのふみさんと小野さんのお母さんがふたりで配置する。棚を出し終えると、そこに百円に値付けされた均一本を運び、並べてゆく。本を並べたままだと重くて運べないから、毎日棚から外し、並べ直している。

「ここに積み上がっているのが均一のネタなんですけど、これをそのまま並べると昨日と同じ配置になっちゃうから、並びが入れ替わるようにランダムに持ってきてください。そうすると、3日前には右の棚に並んでいた本が、気づいたら左の棚に入っていたりする。風景が変われば見方も変わるから、毎朝この作業をやってるんです」

せっせと本を運んでいると、少し息が切れる。10分ほどで均一棚が完成すると、「じゃ、お疲れ」と、小野さんのお母さんは去ってゆく。

開店準備は続く。次はハタキがけだ。「ハタキを横向きにして、空気を入れてあげるような感じで」。その言葉に従って、棚の上から下へ、ハタキをかける。ハタキはホコリを払うものだと思っていたけれど、そうか、「空気を入れてあげる」ということだったのか。隅から隅まで叩いているうちに、本に餌やりをしているような心地になってくる。すべての棚にハタキをかけ、モップで床を拭き終えるころには、開店時刻は10分後に迫っている。

「じゃあ、次は棚を整えましょう。これはうちの特徴なんですけど、棚から本が少し出てますよね」。言われてみると、「盛林堂書房」の棚は、本を奥まできっちり押し込むのではなく、棚板の手前にせり出すように並べられている。「うちの先代は、池袋にあった『高野書店』に丁稚で入って古本屋になった人なんでけど、『高野書店』の棚がこのやりかただったんです。お客さんが本を棚に戻すとき、ほとんどの場合はこうやって奥まで押し込みますよね。そうすると、お客さんがどの本を手に取ったのか視覚的にわかるから、『この棚はよく触られているのに、動いてないな』と客観的に見れるんですよね。それがわかると、お客さんはどうして買わなかったのか――値段が高かったのか、状態が悪かったのか――分析できるんです」

でこぼこになっていた棚をきれいに揃えているうちに、開店時刻の11時を過ぎている。一息つくと、小野さんは小さな肩掛け鞄だけを手に取り、「じゃ、神田に行きましょうか」と出かけてゆく。行き先は神保町にある東京古書会館だ。

古本の世界には、都道府県ごとに「古書組合」がある。東京であれば、「東京都古書籍商業協同組合」。各都道府県の古書組合は「全国古書籍商組合連合会」を組織しており、この傘下にある古書組合に加盟している古本屋であれば、全国各地で開催されている古本の「市場」に参加できる。

西荻窪駅の改札をくぐると、小野さんは階段を駆け上がる。ほどなくしてやってきた中央線に乗れば、22分で御茶ノ水にたどり着く。ホームに降りると、目の前にエスカレーターがあった。ぴったりの位置に乗ってたんですねと訊ねると、「もともと鉄ちゃんだったからね」と小野さんがはにかんだ。「鉄ちゃんの中でも乗り鉄だったから、青春18きっぷで〝乗りつぶし〟をやっていた時期もあって、北海道から沖縄まで、当時あった路線は全部乗りました。短い時間で乗り換えることも多かったから、そのときのことが染みついてて、できるだけ無駄をなくす癖がついてるんです」

御茶ノ水駅から坂を下り、12時10分、東京古書会館にたどり着く。平日は毎日、ここで古書交換会が開催されている。古本屋同士が本を持ち寄って、不要なものを売りに出し、必要なものを落札する仕組みだから、「交換会」という名前になっている。

「今週は3階だけなんです」。東京古書組合の広報担当・大場奈穂子さんが言う。

「マジか。ちょっと例年以上に少ないね」と小野さん。いつもは古書会館の3階と4階、ツーフロアに本が並ぶけれど、今日は出品された本が少なく、3階だけなのだという。

フロアいっぱいに、紐で縛られた古本が並べられている。紐で縛られたくくりごとに、封筒が添えてある。落札したいと思った場合、希望する金額を紙に書き、この封筒に入れておく。時間になると開札され、一番高い値をつけた人が落札する。

直接触れずに古本の束を見てまわる人もいれば、気になる本を手にとってじっくり見ている人もいる。黙々と古本に見入っている人もいれば、「こないだ観た映画が面白くて」と談笑している人もいて、のどかで穏やかな風景のようにも見える。でも、古書会館に足を踏み入れる前に、「他の方が金額を書いているときは、絶対に手元に視線を向けないように」と小野さんから注意されていたので、少し緊張する。ここは市場であり、真剣勝負の場だ。どうすれば自分が落札できるか、和やかな空気の裏で、お互いの様子を探っているのだろう。

今日は金曜日で、開催されているのは「明治古典会」だ。明治以降の初版本や限定本、作家の書画や直筆原稿が並んでいる。小野さんはするすると手早く本をチェックしていたが、ふいに足を止めた。そこで出品されていたのは、井伏鱒二の『河鹿《かじか》』と『定本佗助』、『白鳥の歌』の3冊セットだ。『河鹿』は、和装本を保管する「帙《ちつ》」というケースに入れて保管されており、とても美しい状態だ。小野さんは何度か手に取りながら、「帯があるのは初めて見た」とつぶやく。落ちないと思うんだけどと言いながらも、金額を記入して封筒に入れ、会場をあとにする。

「今日はいくつか入れたけど、何も入札せずに、誰かとお昼だけ食べて帰ってくることもありますよ」。帰りの電車で、小野さんが教えてくれた。「同じ古本屋同士、ライバルと言われればライバルなんですけど、それ以上に尊敬すべき先輩だし、仲間なんです。一匹狼でやっている方もいますけど、本を見ている最中にも『あそこの本、見た?』『見た、見た。状態良いよね』って話し合ったり、『そんな本が出てるの、気づかなかった』『今から戻れば間に合うよ』って教えてもらったり。市場はやっぱり、楽しいですよ。仲間と会って食事することもできるし、半分は気分転換です」

古書交換会は月曜から金曜まで、毎日開催されている。古本屋ごとに、頻繁に顔を出す交換会は決まっていて、小野さんの場合は月曜の「中央市会」と金曜の「明治古典会」に行くことが多いという。

出品される古本は、しっかりとジャンル分けをして一括りになっている場合もあれば、ごちゃまぜで出品されることもある。ジャンル分けされたものだと、自分の店の棚に合う本だけを手に入れられる。だから入札する人も多くなりがちだ。ただ、ごちゃまぜになったものでも、「これをしっかりジャンル分けして何曜日の市場に出せば、あの人が落札してくれるだろう」と判断して、落札する場合もある。「扱っているものは古書だけど、古書を人に売る商売だからね」。中央線の中で、小野さんはそう教えてくれた。

神保町でお昼を済ませ、店に引き返すと、新入荷の本をダスターで拭く仕事が待っている。汚れが酷い場合は洗剤を少しつけて、丁寧に拭き取る。ゆっくりと掃除を続けるうちに、日が傾いてくる。小野さんはチラリと時計を確認し、「あと30分もすると、古本屋らしからぬ風景に変わると思います」と言った。

「盛林堂書房」は2013年、「書肆盛林堂」という出版部門を立ち上げ、「盛林堂ミステリアス文庫」というレーベルで出版をおこなっている。今日はその最新刊である『彼の偶像　岩田準一作品集』が刷り上がってくる日だ。17時過ぎになると、印刷会社の方がやってきた。納品された本を手に取ると、小野さんの表情が曇る。製本の粗さが気になるらしかった。

「いつもはここまで糊を入れないのに、なんでこんなに入れてるんだろう。背のところも、ちょっと、垂直に入ってないですよね。商品として考えると、この状態だと『取り替えてください』って話が出てくる可能性があると思うんです。申し訳ないですけど、納品は保留してもらって、対応策を考えていただけますか」

納品された本を受け取らなかったのは、これが2度目だという。

いろんな角度から本の仕上がりを確認する姿は、東京古書会館で井伏鱒二の『河鹿』をまじまじと確認する姿と重なって見えた。『河鹿』が出版されたのは1958年だから、61年前のことだ。それだけ時間が経っているというのに、『河鹿』の表紙は、真っ白に透き通っていた。そうして美しい本を触れれば触れるほど、自身が出版する本にも厳しい目を向けてしまうのだろう。

「本の状態表記には『イタミ』、『経年並み』、『美本』、『極美』と色々ありますけど、その基準は店ごとにバラバラなんです。それはやっぱり、どれだけ状態が綺麗な本を見たことあるかに尽きる。僕は江戸川乱歩の本に関しては人一倍厳しくて――それは乱歩が好きだからということだけではなくて、江戸川乱歩邸にお邪魔したことがあるんです。乱歩邸の蔵には『自著箱』というのがあって、出版社から送られてきた状態のまま、桐箱で保管されているんですよ。大正・昭和初期の時代の本が形崩れもヤケもない状態で残っているのを手に取らせてもらって、『これが本当の極美だよね』というのを見てしまったんです。

空中戦争
ちちははの記
河骨
配偶
氷島

そうやって本の状態を知るためにも、実物を手にしてみるしかないんですよね」

小野さんが入札した井伏の3冊は、無事落札できたらしかった。「市場」にもデジタル化の波が押し寄せていて、開札の結果はインターネット経由で確認できるようになっている。「うちは井伏鱒二が通ってくれた店でもあるから、全部帯ありで揃えたいと思ってたけど、それがようやく叶いました」。小野さんの声が少し弾んだ。

1月18日（土曜）

あまりの寒さに目を覚ます。テレビをつけると、関東甲信の山沿いでは雪が降り始めていて、都心でも雪やみぞれになると報じられている。続けて、今日と明日は「最後のセンター試験」だとアナウンサーが語る。

今日も中央線の下りに揺られる。土曜日の中央線は西荻窪に停まらないので、中野で総武線に乗り換えた。向かいには制服姿の子が座っていて、赤いマーカーを引いたプリントに緑の下敷きを重ね、何かを暗記している。

昨日より30分早く、10時ぴったりに店の裏口に向かった。そこは小野家の玄関でもある。出迎えてくれた小野さんが「みぞれだね。嫌だねえ」と言う。息が白くなる。小野さんはネットで雨雲レーダーを確認し、「夕方まで降りそうだね」とため息をつく。

昨日より20分早くシャッターを上げる。みぞれは雪に変わっていて、「もう笑うしかないね」と小野さんのお母さんが言う。雪を見上げていると、「うわ、最悪だ」と小野さんが声をあげた。店のすぐ近くに、吐瀉物の跡があったのだ。ホースを持ってきて、水とほうきで洗い流す。「飲むなとは言わんけど、もったいないから吐くまで飲むなよな」。嘆きに酒飲みらしさが宿る。年末年始になると、こういうことがままあるという。

小野さんが掃除をする様子を、お客さんが見守っている。シャッターを上げたころにはもう、向かいの軒先にお客さんが待ち構えていた。土曜日は、「盛林堂書房」の均一棚がまるごと入れ替わる日だ。それを知る常連客は、掘り出し物を求めて早くからやってくるのだ。

本が濡れないようにビニールカーテンを広げ、いつもよりコンパクトに均一棚を配置する。そこに新ネタの均一本を並べ終えたのは10時28分。小野さんが「お待たせしました、どうぞご覧になってください」と告げると、待ち構えていたお客さんがワッと詰め掛け、棚の前は人で埋まった。お客さんは次から次へと本を手に取ってゆく。7分ほど経つと、本を抱えたお客さんが帳場にやってくる。「橋本さん、本をカウントして、大きい袋に入れちゃってください」。小野さんから言われて、あわあわと本を数える。最初のお客さんは13冊。次のお客さんは10冊。どのお客さんも大量に買ってゆく。ぼくが圧倒されていると、「晴れた日だったら、皆さんもっと買ってくれますよ」と小野さんは言う。「もっと時間をかけて外の棚を見る方もいますけど、今日は寒いですからね。自分が買う側だと考えても、雨の日に本をたくさん持って帰りたくないですもんね」と。

オープンから50分経ったところで、お客さんが一旦途切れた。開けっぱなしにしていた入り口の自動ドアのスイッチを入れて、扉を閉める。「早かったね、今日は」と小野さんが漏らす。ただ、土曜日とあって、お客さんがぽつぽつやってくる。常連のお客さんも多く、買い物のついでに小野さんと談笑していく。

「さっき神保町に行ってきましたけど、今日は並ばずに『丸香』に入れましたよ」とお客さん。

「今日この天気で並ぶようなら、よっぽどですよ」と小野さんが笑う。

「『丸香《まるか》』の先に『仙臺《せんだい》』ってカレー屋さんがあるの知ってる？　ちゃんとした洋食系のカレー屋さんで、ポークが５００円、牛たんカレーが８００円だったかな」

「安いですね。今度チャレンジしてみます」

お客さんが帰ったあとで、「今のはミステリ評論家の森英俊さん」と小野さんが教えてくれた。本に関する話はもちろん、飲食店に関する情報も交わしている。小野さんにとって、日々の楽しみはおいしい料理とお酒、それに映画だ。

「ネットで席が予約できると知って、ここ2、3年は映画を観に行くようになったんです。普通に洋画も観ますけど、劇場でやっているアニメはできるだけ観るようにしてますね。

去年は年間99本観ました。そうやって言うと多く聞こえますけど、週に2本観れば年間100本ですからね。起きれないとまずいから、さすがに催事の前は自粛しますけど、観たいのがあるときは仕事帰りに映画館に行きますよ」

今日はいつもより店を早く開ける日だったけれど、昨晩も映画を観に行ったのだという。「昨日が封切りだったし、行けるときに行っておかないと、観れなくなっちゃうから」。小野さんはこともなげに言う。

さて、仕事だ。

今日は文庫本のクリーニングを教わる。まず、カバーに貼られた他店の値札シールを剥がす。べりっと剥がせば本が傷むので、ベンジンを染み込ませて、ペーパーナイフで削ぐ。うまく削げずにいると、「ベンジンは揮発するから、たっぷりかけても大丈夫」と小野さんがアドバイスしてくれる。きれいに剥がすと、ダスターで拭き、表紙にパラフィン紙を巻く。

「最近は店内に並べる本にOPPシートを巻きますけど、催事に使う本はパラフィン紙を巻くことが多いんです。特に屋外の催事だと、砂埃で本がざらざらになっちゃうから。あくまで商品保護のためで、これで値段が上下するものではないので、完璧を求めなくて全然いいんですけど、カバーが折れないようにゆっくり巻いてあげてください」

小野さんのパラフィン紙の巻き方は、すべて我流だという。

「盛林堂書房」を創業したのは、祖父・小野源三郎さんだ。建物の2階と3階が住居になっていることもあり、小野さんは物心ついたときから店の中で育ってきた。源三郎さんは頑固だったが、孫には優しかった。小野さんは小さいころから店が遊び場で、祖父から本の縛り方を教わったり、どうやったら箱にたくさん本を詰められるかとゲーム感覚で教わったりした。ただ、本はあくまで商品であり、読むものではなかった。祖父は店を誰かに継がせる気もなく、小野さんも自分が古本屋になることを想像していなかった。だが、2004年に祖父が急逝。残された店をどうするか——家族から「潰してもいい」と言われたけれど、潰してしまうよりはかは自分がやるかと引き継いだのは23歳のときだ。

「ちゃんと古本屋をやってみるかという気になったときに、出張買取に出かけたついでに古本屋さんにも入って、あえてパラフィン紙を巻いてあるものを買って、どういうふうになっているのか確認したりしてました。いろんなお店のやり方を見て、『自分はこれが一番やりやすい』っていう方法を探って、今のやりかたに行き着いたんです」

祖父が営む「盛林堂書房」は、主に山岳書を扱う店だった。引き継いだ当初は、祖父の時代の棚のまま経営していた。外でアルバイトをしながら、ただ帳場に座って過ごす日々だった。そうして3年が経ち、本腰を入れて古本屋になろうと決めたとき、惹かれたのがミステリだった。

「最初に惹かれたのは、まさに今パラフィン紙を巻いてもらっている文庫です」と小野さんが言う。手元には横溝正史の角川文庫がずらりと並んでいる。「その当時、横溝の角川文庫がよく入ってきたんですけど、この表紙にやられたんです。杉本一文の描く、気持ち悪いんだけど格好良い表紙。そこで『カバーを全部集めたら面白そうだな』と思って、少しずつ棚がミステリに寄っていくようになりました。普通はワンタイトル1冊しか扱わないけど、『これは同じ本だけど、カバーが違うから』と2冊並べたりして。そのころに、さっきの森英俊さんがたまたまいらっしゃったんです。ちょうど森さんがカバーを全部集めてる時期で、『これ、他にもありませんか』『まだ整理してないんですけど、たぶんあると思うので、来週来てもらったら並べられるようにしておきます』ってところから、毎週通ってくださって。疑問に思ったことがあると森さんが全部教えてくれて、そのうちに知識がついて、市場でも本が買えるようになったんです」

ゼロからのスタートだったが、お客さんに教えられながら、今の「盛林堂書房」が形作られた。ミステリやSF小説が好きなお客さんは、質問すれば喜んで教えてくれた。ここ最近では、とりわけ大きかったのはSF作家・横田順彌さんとの出会いだ。

「横田さんと知り合ったのは、日本古典SF研究会だったんです。そこは押川春浪や黒岩涙香、海野十三といった、明治から戦前までの古典SFを研究する会なんですけど、北原尚彦さんに誘われてお伺いして、横田さんと初めてお会いしたんです。何回もお会いしているうちに『本を整理して欲しい』と頼まれて、横田さんのおうちで本を少しずつ整理して、そうするとまたお店にきて本を買ってくれて。番台の隣に椅子を出して、こんな感じでおしゃべりをして、本を観てもらって教えてもらって——それを繰り返してましたね」

横田さんはSF作家であり、古典SF研究家であり、明治文化の研究家でもあった。大河ドラマ『いだてん』に登場した「天狗倶楽部」について唯一まとまった研究を残したのも横田さんである。振り返ってみれば3、4年という短い期間ではあったが、何かあれば「盛林堂書房」に電話がかかってきて、密な付き合いがあった。横田さんが昨年1月に亡くなったときには、蔵書の整理も引き受け、東京古書会館で「横田順彌追悼展」も開催した。慌ただしかった1年を振り返り、「そっか、もう1年経つんだ」と小野さんがつぶやいた。

外ではまだ雪が降り続いている。夕方になっても客足が伸びる気配はなく、「今日は駄目だ」と小野さんは笑う。

「盛林堂書房」の営業時間は11時から18時半までだ。先代が切り盛りしていたころは、23時半ごろまで店を開けていたこともある。当時は向かいに銭湯があり、銭湯帰りのお客さんが立ち寄っていたからだという。先代が高齢になってからも20時までは営業していたが、小野さんが引き継いでから営業時間を短くした。

「最初は20時まで開けてたんだけど、19時を過ぎると、店の前を人がまったく通らなくなるんですよ。昔はうちの前の通りがメインだったけど、今は裏の道を通る人が多くなって。どっ人間って同じ道を通るから、よほどのことがなければ違う道を歩かないんですよね。どっちにしても閉店後は店内で作業をしてるから、その時間も営業を続けててもいいのかもしれないけど、営業時間を延ばしたからといってそんなに売り上げに繋がるわけじゃないからね。それだったら店を閉めて、自分のペースで作業をして、映画でも観に行く。それが許されるのは、ここが持ち家だからだと思います。もし物件を借りてたらもうちょっと無理しなきゃいけないかもしれないけど、これで生活できて、好きなことやれてるから、無理しなくていいところは無理しなくていいやと思ってるところはありますね」

18時を過ぎたところで、小野さんは早上がりする。今日は商店会の新年会があるのだ。年に数回しか着ないスーツに着替え、夜の町に消えてゆく。

1月19日（日曜）

昨日が雪だったとは思えないほど、朝からよく晴れている。「盛林堂書房」に向かう途中、神明《しんめい》通りを左に曲がると、道路が歩行者天国になり市が立っていた。昭和50年から続く「あさ市」で、毎月第3日曜日に開催されているそうだ。近所のお店が出しているのだろう、エスニック料理や中華料理の屋台が並んでいる。惣菜屋さんにコーヒー屋さん、植木屋さんに雑貨屋さんしばらく市が続いていて、かなりの賑わいだ。酒屋さんの前では甘酒が無料で振る舞われていて、列ができている。視線を上にやると、街頭のところに「西荻東銀座会」と書かれていた。

「西荻窪って町には、商店会が20個以上あるんです」。開店作業をしながら、小野さんが教えてくれた。「神明通りも途中で分かれていて、あさ市をやっているところは西荻東銀座会で、そこから先は神明通り共和会になるんです。うちは西荻南中央通銀盛会なんですけど、神明通りの信号のところから銀盛会館あたりまでで、そこから先はまた別の商店会なんですよね」

外から訪れると、ひとつの「西荻窪」という町に見える。でも、暮らしている人たちからすると、いくつかの地区に分かれており、そこにはいくつもの境界線があるのだろう。

「昔はお金を積み立てて、銀盛会でバス旅行に行ってたんですよ。最近はご年配の方が増えちゃって、自然となくなったんですけど、朝7時に出発して修禅寺まで出かけて、皆で食事をして帰ってくる。僕が小さいころはまだ、そういう一日旅行をやっていたんです。お祭り一つとっても、昔はもっと盛大にやってたんです。うちの先代も祭りが好きだったから、神酒所《みきしょ》から帰ってこないんですよ。用事があると『呼んできて』と言われて、僕が神酒所まで呼びに行くんですけど、そうすると近所の人に『おお、入れ入れ』と言われて、ジュースとお菓子をもらって、梨を剥いてもらって皆で食べて――今はマンションが増えちゃったから、顔がわからない人が多いですけど、昔はそういう風景が当たり前だったんです」

先代の源三郎さんは大正10年、栃木県に生まれた。就職のあてがなく、叔母に相談したところ、「じゃあ、うちにくる?」と誘われ、「高野書店」で丁稚奉公することになる。叔母が結婚した相手というのが、「高野書店」の店主だったのだ。当時は物がない時代だったこともあり、お金の代わりにじゃがいもを持参して、「これからよろしくお願いします」と働き始めたそうだ。

「祖父はそこで何年か修業して、昭和24年の秋に『盛林堂書房』を創業したみたいです。最初は西荻窪じゃなくて吉祥寺で、闇市時代の『いせや』さんの向かいで、1年半ぐらいやってたそうです。それで、この場所には昔『青樹社』という古本屋さんがあって、柳田國男が通った民俗学系の古本屋さんだったらしいんですけど、そのお店から『引っ越すから、居抜きで買わないか』と言われて、ここに引っ越してきたんです。だから、独立して1年半でここを買うだけの資金が貯まるぐらいに本が売れたんでしょうね。当時はまだ物がない時代ですからね」

当時は余った部屋を下宿として貸し出していて、買い取りなど人手が必要なときにはアルバイトとして手伝ってもらっていたという。下宿代には、向かいにあった銭湯に入る代金も含まれており、下宿する学生が顔を見せれば「ああ、入っていきな」と入浴できたそうだ。

「今日は落ち着いてるし、やってもらえる仕事もないから、ゆっくりお昼休みをとってきてください」。そう送り出されて、「盛林堂書房」を出る。向かいにあった銭湯はとっくに姿を消している。さっきまで聞いていた話と、目の前にある風景との差にくらくらする。お昼時だからか、駅前のマクドナルドにはウーバーイーツの配達員が3人ほど待機していた。

今日は駅前の柳小路で「昼市」が開催されているというので、足を運んでみる。闇市の面影を残す小道には、世界各地の料理を提供するお店がひしめき合っている。「昼市」では、各店舗が軒先に椅子とテーブルを並べ、昼間からお酒が飲めるようになっている。バングラデシュ料理のお店に立ち寄って、バーベキューチキンとヒヨコ豆のスパイス炒めを注文する。表のテーブル席に座り、煙に燻されながら平らげる。バングラデシュの向かいにはギリシャがある。こうなるとワインの1杯でも頼みたいところだけれど、「うちのお店でお酒を飲んでいいのはお祭りの日だけです」と小野さんに釘を刺されたこともあり、ノンアルコールビールで我慢する。

1時間ほどで「盛林堂書房」に引き返す。午後は通販の発送作業のお手伝いをする。通販と経理はスタッフのふみさんの仕事だが、今日はふみさんがコンサートを観に行く予定があり、早上がりするという。

小野さんがふみさんと一緒に、夫婦で店を切り盛りするようになって6年が経つ。結婚してからも、しばらくは小野さんがひとりで古本屋をやっていたけれど、「給料は払うから、手伝わない？」と相談して、一緒に店をやるようになった。夫婦ではあるけれど、仕事は仕事と切り替えて、ふみさんはあくまでスタッフという立ち位置で仕事をしている。小野さんは番台に座り、ふみさんは奥の部屋に机を置いて、そこで経理や通販の業務をこなす。

奥の部屋にはかつて、大きなテーブルが置かれていた。そこは作業場であり、食卓だった。先代の源三郎さんが切り盛りしていたころから、催事があるときには家族総出で仕事を手伝っていたという。料理を作る余裕もなく、同じ商店会のお店から出前を取り、食事をする機会も多かった。「だから、お昼は店屋物をとるのが当たり前だと思ってましたよ」と小野さんは笑う。

気づけば今日も夕方だ。「ちょっとコーヒーでも買ってきてください」とお金を預かって、近くの「ドトール」に出かけ、カフェラテを2杯買ってくる。「盛林堂書房」からは、徒歩数分の距離にいろんなお店が揃っている。それが当たり前だと思っていたと、小野さんは語る。それが当たり前ではなかったのだと気づいたのは、結婚して西荻窪を出てからだ。

「この家にはふたりで暮らせるスペースがなかったってこともありますけど、一回西荻から出てみたかったんです」。カフェラテを飲みながら、小野さんが話してくれた。「生まれたのも西荻で、ずっとここで生きてきたから、違う町に住んでみたかったんです。今は店まで片道30分くらいのところに住んでますけど、住宅街のど真ん中で、夜は静かだし、人があんまり歩いてないし、全然違うんですよね。それで客観的に町を見られるようになったし、外から見るってことを意識したかもしれないです。それまでは視点が一箇所で、これが普通だと思ってましたけど、ここがいかに恵まれた場所か、よくわかるようになりました」

23歳で古本屋を継いだ小野さんも、今年で39歳を迎える。先輩たちからは「まだ若いのに、何言ってんだ」と言われるけれど、体力の衰えを実感しているという。昔であれば、3万冊ぐらいの出張買取をひとりでこなしたこともあったけど、今はそんな体力がなくなっている。エスカレーターには乗らず、階段を歩くようにしているのも、体力づくりのためだ。

「他の仕事をしたことがないから、古本屋で食っていくしかないよなと思うんです。あと30年経って、70歳ぐらいになっても今と同じような感じで商売できてたら幸せだなと思います。この物件がどうなるかわからないけれど、負債を抱えているわけじゃないから、これが続いてくれればいいと思うんですけどね。あとはもう、時局かな。紙の本を誰も触らない時代がやってくるかもしれないし、逆に骨董品扱いになって、1冊1万円以上の値段がつく時代がやってくるかもしれなくて。でも、ポイントになると思っているのは今年なんです」

今年がポイントだと思う理由は、オリンピックが開催されるからだという。小野さんはオリンピック反対派で、お店の名前で反対運動に署名したほどだ。小野さんは学生時代に

陸上部で、国立競技場で走ることを目標に過ごしていた。あこがれの国立競技場が壊された――そんな個人的な理由もあるけれど、何より大きいのは、オリンピックのあとには必ず不景気に見舞われるからだ。

「東京オリンピックが終わったあと、絶対に何かしらの変化が出てくるはずなんです。その変化にどう対応するかってことも大事なんですけど、変わったことを敏感に察知できるようにしておかないといけないなと思ってます。そうしないと、微妙な変化に気づかなくて、いつのまにか『何でこんなことになってるの？』という状態になっている可能性がある。そこで慌てなくて済むように、ちょっとした変化を見落とさないようにしなきゃいけない一年になるだろうなと思ってます」

18時半になると、小野さんのお母さんが3階から降りてきて、閉店作業をする。3日間、お世話になりました。お礼を言って、「盛林堂書房」をあとにする。そして今日もまた、駅前の「戎《えびす》」という酒場に入る。一昨日も、昨日も、仕事終わりは「戎」で酒を飲んだ。

熱燗を啜りながら、小野さんが話してくれたことを思い出す。小野さんが小さかったころは、このあたりにはまだ闇市の面影が強く残っており、通りかかる機会は少なかったという。その時代を知らないぼくは、連日カウンターに腰をおろしている。

西荻窪駅の南口には、再開発の話が持ち上がっている。駅前だけでなく、青梅街道から「盛林堂書房」のある銀盛会へと続く道路は、東京都が拡幅工事を計画している。これから先、この町はどう変わってゆくのだろう。ほろ酔い気分で、小野さんの言葉を思い返す。この1年で生じる微妙な変化を、見逃さずにいたい。

丸三文庫

2月17日（月曜）

早稲田駅で東西線を降りると、「早稲田試験場」と書かれた貼り紙があった。今日は早稲田大学で入学試験がおこなわれているらしかった。階段を上がってゆくと、同じく「早稲田試験場」と書かれた看板を持った学生アルバイトが、地下鉄の出口で寒そうに佇んでいる。

19年前を思い出す。

受験の日、ぼくは遅くとも7時までにはこの階段を上がったはずだ。東京に不慣れなこともあり、通勤ラッシュに巻き込まれるのが不安で、早朝のうちに早稲田までやってきたのだ。朝マックを頬張りながら参考書を広げ、「こんなに早くやってきたのだから、合格するはずだ」と満足した記憶がある。試験を終えた帰り道、地下鉄にもバスにも乗らず、高田馬場駅まで歩いた。東京の夜はこんなに明るいのかと目を見張った。試験には受からなかったけれど、そこで見たひかりに惹かれるように上京したのだった。

あの日のことを思い出しながら、マクドナルドを覗く。もう10時半を過ぎており、朝マックは販売を終了していた。マクドナルドを通り過ぎて、ドトールでミラノサンドBを注文。レジの横に「当店では新型コロナウィルス・インフルエンザ対策としてマスクを着用しているスタッフがおります」と書かれた貼り紙を見かけた。

穴八幡宮を左手に見ながら坂を上がると、「丸三文庫」にたどり着く。11時きっかりに店を開けたのは「先輩」だ。

「丸三文庫」の店主は藤原健功《たけのり》さんだ。最近は「古書信天翁《あほうどり》」の山﨑哲さんが週に3日だけ店番を手伝っている。藤原さんは山﨑さんのことを「先輩」と呼ぶので、ここでも先輩と記す。

外に並べる均一棚を、先輩はあっという間に並べ終える。「藤原さんは『量が多くてすみません』って言うんだけど、昔を思うと、開店作業が楽なんです」。先輩の「古書信天翁」はビルの2階にあって、外に置く均一棚を開店と閉店のたびに運んでいたのだ。「やっぱり、路面じゃなきゃ駄目ですよ」と先輩が笑う。

店を開けると、次はネット出品に向けた準備だ。書名や本の状態をエクセルに入力し、汚れがあれば拭き取ってゆく。手元にあるのはファブリーズだ。「藤原さんは無水エタノールとジフを使ってますけど、私が店番するときは『古書信天翁』仕様で、ファブリーズを持ってきてるんです。それぞれ古本屋ごとに使う道具があるんだと思いますけど、ファブリーズはほんと汚れが落ちるし、除菌もできていいんじゃないかと思って使ってますね」

若者が「買取お願いします」とやってくる。紙袋から取り出したのは、思想や哲学、心理学など硬めの本ばかりだ。そのラインナップは、どこかまぶしく感じられる。大学生だったころは、教養を身につけようと本を買っていた。今ではもう、硬めの本を見かけても、「買っても読まないだろう」と気づかなかったふりをしている。

番台にあるパソコンでは、ザ・バンドのアルバム『ラスト・ワルツ』がリピートされている。ちょうど1曲目の「Theme From The Last Waltz」に戻って再生され始めたところだ。そのリズムに合わせるように、お年寄りがゆっくり通り過ぎてゆく。

この日、ネットに出品されていたのはクイズやパズルの本だ。番台に積まれた山の中に、多田弘幸『宴会かくし芸』という本を見つけた。奥付を確認すると「21版」とあり、それは昭和57年、ぼくが生まれた年に重版されたものだ。目次には「奇術」や「民謡」、「都々逸」、「浪曲」、「物売り口上」といった文字が並ぶ。「舞台名ゼリフ」のページには、勧進帳や仮名手本忠臣蔵の台詞が書き連ねられている。宴会芸と呼ぶにはずいぶんしっかりしている。

「昔は会社の慰安旅行があって、バスで観光旅館に乗りつけて、宴会やってたんでしょうね」と先輩が言う。「親父の遺品を整理していたとき、慰安旅行で宴会をやってる写真が出てきたんですよ。すごく印象的でしたね。ドジョウ掬いか何かやっている写真だったんですけど、家にはそういう芸をまったく持って帰らなかったから」

掲載されている宴会芸には「軍歌」という項目もあった。昭和57年にはまだ、ほとんどの会社は55歳が定年だったはずだ。つまり、軍国教育を受けて育った昭和一桁生まれがまだ現役だったから、宴会芸として軍歌が取り上げられているのだろう。

昨今の宴会だと、一芸を披露するとしても、ヒット曲のダンスやお笑い芸人の真似くらいのものだろう。そこでは本は必要とされず、YouTubeで事足りてしまう。

番台に積み上げられた本を眺めていると、幼い日の記憶がよみがえる。親に連れられて新幹線や飛行機に乗るときは、いつも決まって漫画を買ってもらっていた。多かったのは4コマ漫画で、一番好きなのは『かりあげクン』だった。ぼくも大人になればサラリーマンになり、こんな世界で過ごすことになるのだろうと思っていた。それが、どういうわけか、こうして文章を綴る仕事をしている。

「慰安旅行の宴会って、一度も見ることなく、僕は人生を終えますねえ」。先輩がしみじみ言う。パソコンからはボブ・ディランの声とともに「アイ・シャル・ビー・リリースト」が聴こえてくる。曲に合わせて、先輩は足でリズムを刻んでいる。

15時、市場に出かけていた藤原さんが帰ってくる。先輩と入れ替わるように番台に座り、通販で注文が入った商品の発送に取りかかる。藤原さんが取り出したのは本ではなく、鉄道写真を収めたアルバムだ。

「今から2年くらい前に、ひとりのコレクターが撮り続けた鉄道写真を市場で落札したんです。それを1枚ずつヤフオクに出品して、ずっと売ってます。市場に出たとき、どさっと安く買って、めちゃくちゃ儲かったことがあるんですよ。それから鉄道写真が出るたびに買い続けてたら、他の古本屋さんにバレて、最近は他の人もやるようになっちゃいましたけど。これで儲けて、そのお金でまた別の本を買って損してます」

帳場にはアルバムが几帳面に整理されている。落札された写真を取り出すと、折り曲がらないようにと折り紙を添えて、ビニール袋で梱包する。クリックポストのラベルを印刷し、中身と照らし合わせて封筒に入れてゆく。

鉄道写真を出品しているからといって、藤原さんは鉄道が好きなわけではない。安く仕入れることができて、それなりの値段で落札してくれる人がいるから、鉄道写真を扱っているのだ。

少し前には、市場で『競馬週報』を落札してみたこともある。1972年まで発行されていた競馬専門誌だ。競馬に詳しい先輩は、ひと目見て「藤原さん、これ駄目ですよ」と告げた。『競馬週報』に掲載されているのは地方競馬の情報で、これは売り物にならないと思ったのだと、先輩はそのときのことを振り返る。競馬に詳しい人だと「値がつかない」と判断するものを、藤原さんは仕入れてきて、ネットに出品した。蓋を開けてみれば、『競馬週報』は仕入れ値の30倍近い金額に化けた。

五十嵐博
河底尚吾
小田博
家島彦一
アントニオ・ネグリ
本邦初訳
南アジアの社会変容と女性
インドの社会経済発展とカースト
ユダヤ人問題とシオニズムの歴史
伝統ヨーロッパとその周辺の市場の歴史
現代フランスの史的形成
現代中東の国家・権力・政治
ヨーロッパ生と死の図像学
春の祭典
ボードレール伝
パリに咲いた悪の華
『ボヴァリー夫人』論
蓮實重彦
『アルタン・ハーン伝』訳注
ドン・キホーテ
アラビア語文典 下巻
ごとう書房
ユヴァクの思想と中世の新プラトン主義
Jacques Lacan Le séminaire Livre X L'angoisse
SEUIL
ECRITURE ET MODES DE PENSEE AU MOYEN AGE
l'Ancien Testament
le Nouveau Testament
C.G. JUNG
PSYCHOLOGIE et ALCHIMIE
Buchet Chastel
CLAUDE SIMON
CLAUDE SIMON, UNE EXPÉRIENCE DU TEMPS
YVES BONNEFOY
L'IMPROBABLE
ESSAI DE GRAMMAIRE DE LA LANGUE FRANÇAISE
C.G. JUNG
Nietzsche's Zarathustra
P·A·S·C·A·L
Rorty
Essays on Descartes' Meditations
Jacques Derrida

「完全にギャンブルですよね」と藤原さんは笑う。「成功したぶんの何倍も失敗してます。パチンコと同じで、いっぱいお金を使ってるから、たまに当たりを引くんですよね。だから何でも買ってみないと駄目なんです。でも、これは化けるんじゃないかと思って買ってみると、全然売れなかったりするんですけどね」

改めて、「丸三文庫」の棚を眺めてみる。棚の大半を占めるのは人文書や学術書で、ネットで販売する商品との差に驚かされる。

「古本徳を積むためには、ちゃんとした硬い本も買っておかないと、チャンスが回ってこないような気がするんですよ」。不思議そうに棚を眺めていると、藤原さんがそう教えてくれた。「変なのばっか買ってたら、古本の神様が当たりをまわしてくれない気がします。だから、今日も市場でいっぱい人文書を買いました」

今日は月曜日で、市場では中央市会が開催される日だ。ただし、今日は通常の市ではなく、年に一度の「大市」の日だ。

今日の落札結果をネットで確認していた藤原さんが、「あららら」と声をあげる。藤原さんが落札した総額は、さっきまで25万と表示されていたのに、開札が進むにつれて33万にまで膨らんでいた。「35、40、43、51――51本も落札しちゃったんだ。あららら。支払いが厳しいな、これは。でも、『世界の名著』が落札できたのは嬉しいな。最近の学生は勉強しないとか言われるけど、やっぱ早稲田だと、しっかりした本を買う人が多いですよね」

気づけば日が傾いている。店の外を、試験を終えた受験生が通り過ぎてゆく。日が暮れたころになって、「谷書房」の谷さんがやってくる。現在「丸三文庫」がある場所には、2017年の終わりまで「谷書房」があった。1967年に独立して、半世紀にわたり、この場所で古本屋を営んできたのだ。物件が「丸三文庫」に引き継がれてからも、谷さんはたまに店番を手伝ってくれているのだという。

文庫の棚を眺めていた谷さんが、「もうちょっと片づけなきゃ。今度仕分けしてあげるよ」と話していたところに、藤原さんのケータイが鳴る。息子さんからだ。藤原さんはビデオ通話の画面を店内に向け、「ほら、谷さんだよ。『こんにちは』は?」と語りかける。画面の向こうで、藤原さんの長男は「こんにちは」と挨拶する。

「パパ、今日遅くなる?」

「ううん、そんなに遅くならないと思う。じゃあね」

発送作業をしているうちに、17時半を過ぎている。藤原さんは慌ただしく片づけを済ませ、こどもを迎えに帰ってゆく。

2月18日（火曜）

「次は早稲田、早稲田です」。アナウンスが流れた瞬間に、制服姿の子が立ち上がる。駅に到着するまであと数10秒かかるけれど、もう扉の前に立っている。その後ろ姿に、決意を感じる。

朝7時半に早稲田駅に降り立ってみると、「早稲田試験場」の看板を掲げる学生アルバイトの姿はまだ見当たらなかった。マクドナルドに入り、ソーセージエッグマフィンセットを注文し、2階席から受験生の姿をしばらく見下ろす。

藤原さんと待ち合わせたのは朝の9時だ。昨日の大市で落札した商品を取りにいくというので、同行させてもらうことにした。

軽のバンに乗り込んで、早稲田通りをゆく。同じく早稲田にある「二朗書房」のバンを、「平野書店」と「丸三文庫」で経費を負担し、シェアさせてもらっているのだという。入札するときは地下鉄で出かけて、翌日になって落札した商品を受け取るときは車で出かける。

「先輩が店番やってくれてるから、市場で入札したあと、最近は歩いて帰ってるんですよ。いろんなルートを歩くんですけど、こないだ市ヶ谷を通ったら、めちゃめちゃお金持ちの家ばっかで。目白を通るときもそんな感じがするけど、いや、お金持ちっているんだなあと思うんですよね。この前、神保町から五反田の南部古書会館まで歩いたときも、皇居から虎ノ門ヒルズの横を通って、白金、高輪と歩いて——ずっと金持ちなんですよ。田舎だと、お父さんはミニバンで、お母さんは軽自動車に乗ってたりするけど、そういう家に限って外車やレクサスがとまってて。そういうのを見ながら、いいな、いいなって思いながら歩く。最近の楽しみ、それです」

東京古書会館に到着してみると、まだシャッターが下りたままだ。古書会館が開くまで、周辺の一方通行の道路をぐるぐる回る。9時半になるとシャッターが上がり、あっという間に荷捌き場は満車になった。

落札した商品をカーゴに載せて運び、車に積んでゆく。同世代の古書店主である「古書ワルツ」の村上一星さんが、藤原さんと談笑しながら、落札した商品をさらりと眺めてゆく。

「お互い、やっぱ見ちゃうんですよね」。東京古書会館を出発して、早稲田に戻る道すがら、藤原さんはそう話してくれた。「『古書ワルツ』だと、向こうのほうが規模が全然大きいから、ライバルっていうのもおこがましいですけど、気になる人が何人かいるんです。市場には『経営員』という仕事があって——それは設営や開札を担当する仕事なんですけど——同じ時期に経営員をやっていて、年も近くて、独立して自分で店を始めた人が何人かいるんですよね。その人たちが何を買ってるか、どうしても気になっちゃうんです」

東京ドームの裏を抜け、牛天神下を経由し、新目白通りに出る。早稲田のグランド坂を上がり、西早稲田交差点を右折すれば「丸三文庫」が見えてくる。

お店に到着すると、落札した本を店内に運び込んだ。そしてパソコンを立ち上げ、タイムフリーで配信されているラジオ番組をダウンロードしておく。この日は日曜日に放送された『有吉弘行のSUNDAY NIGHT DREAMER』を選び、番組を再生しながら仕事に取りかかる。仕事というのは、ヤフオクへの出品作業だ。3つのアカウントを使い分け、1000点近く出品中だ。

「この仕事は細かいんですよね」と藤原さん。「だから皆、あんまりやりたがらないんですよ。でも、僕は苦にならないんですよね。逆に言うと、何もせずに店番だけしてるのは無理なんです。貧乏性なんですかね。こうやって出品してると、『これがお金になるんだ』と思えるじゃないですか。しかも、ラジオを聴きながら仕事してると、ちょっとお得な気がするんですよね。家に帰ると、酒飲みながらごはんを作って、それをこどもたちに食べさせて寝かしつけてると、気づいたらもう朝になっちゃうんですよ。だから店でラジオを聴いたり、Netflixを観たりしながら仕事してます」

こうして古本屋を続けられているのは、妻が古本に興味がなかったからだと藤原さんは言う。夫婦ふたりで切り盛りするだけの売り上げを保つことは難しく、妻が外で働いてくれているからこそ、店を続けていられるのだ、と。

ラジオから流れる有吉弘行の声に、「この番組のときだけ、訛りが出ますよね」と藤原さんが言う。格好良いよなあ、この訛り——そうつぶやく藤原さんは1981年、兵庫県三木市に生まれた。高校卒業後は日本映画学校に通ったのち、サラリーマンとして働いていた藤原さんに、古本屋になるきっかけを与えたのは同級生だった。

「その当時、同級生の漫画家と一緒に住んでたんですよ。僕がサラリーマンを辞めたあと、家にずっといるようになって。しばらく経ったときに、漫画家から『いい加減働けよ』って言われたんです。ブックオフでせどりした本を楽天フリマで売ってちょこちょこ稼いでたから、『本屋がいいんじゃないの？』って言われたんですけど、本屋はどこも受からなくて。そうしたら、神保町を歩いてたとき、『古書かんたんむ』にアルバイト募集の貼り紙が出てたんです。そこに連絡をしてみたら、『じゃあ、明日からきて』って話になって、古本屋に勤めることになったんです」

せどりとは、古本屋で安く売られている本を仕入れて、高い値段で売って利益を得ることを指す。古書価格に通じていれば、古本屋でなくとも、せどりで稼ぐことはできる。でも、藤原さんは「特別本に詳しかったわけではない」と振り返る。ブックオフで仕入れてきた本を楽天フリマに出品して、ネットの反応を見ながら、どんな本が売れるのかを学んだ。だが、「古書かんたんむ」で働いてみると、ネットと実店舗では売れる本が違うのだと気づく。ネットと実店舗だけでなく、実店舗と古本市でも売れ筋は違っていた。

「古書かんたんむ」が参加する古本市のひとつに、高田馬場駅前にあるＢＩＧＢＯＸで開催されていた「古書感謝市」があった。神保町の古本屋に勤めていた藤原さんが早稲田の古本屋街で自分のお店を構えたのは、この古書感謝市がきっかけだった。

「古書感謝市をお手伝いしてるうちに、早稲田の人と仲良くなったんです。『安藤書店』の安藤彰彦さんが、『うちの2階で店をやれば、ＢＩＧＢＯＸの古書感謝市もあるから、生活できるよ』と言ってくれて。それで、彰彦さんの息子の章浩さんがやっている『三楽書房』の2階に店を出させてもらったんですよね。当時、古書感謝市だけで年に２５０万ぐらい売り上げがあったから、何とか行けるかなと思ったんですよね。そのあと、古書感謝市はなくなっちゃいましたけど、逆に良かったと思います。そのおかげで、古書感謝市の売り上げに甘えずに、自分で開拓しなきゃと思うようになったんですよね」

話をしていたところに、ふらりとお客さんがやってくる。藤原さんはラジオのボリュームを少し下げる。しばらく棚を眺めていたお客さんは、何も買わずに去ってゆく。「お客さんのために格好良い音楽を流さなきゃと思うこともありますけど、いいんです。自分がラジオを聴いて、楽しく仕事ができれば」。そう自分に言い聞かせながら、ネットへの出品作業を続ける。パソコンの画面にはタブが何十個と広げられており、すごいスピードでマウスをクリックして、一気に入力を進めてゆく。

こうしてネット通販をやっていると、お店の棚を触る時間は少なくなる。お客さんがやってきても、接客らしいこともできなくなる。ネット通販専門の古本屋が増えているのは、店売りをやめたほうが効率的だからだろう。ただ、「丸三文庫」はネット通販に力を注ぎながらも、店売りも続けている。

「今の場所に移ってから、地域の人が本を買いにきてくれるんですよ。花屋のおばちゃんやクリーニング屋さんが仕事帰りに寄ってくれて、文庫本を買って、『読み終わったからもうあげるわ』と持ってきてくれる。それは2階でやってたときにはなかったことなので、嬉しいですね。それに、実店舗をやってると、古本徳を積んでるような気持ちになるんですよ。実店舗で積んだ徳が、ネットで商売するときに返ってくる気がします」

そんな話をしていたところに、ネット通販の注文が入る。1万5千円で出品していた洋書だ。「座ってるだけで売れるんだから、簡単な商売っちゃ簡単な商売ですよね」。さっそく商品を梱包しながら、藤原さんが言う。

こうして話を聞いているだけだと、その言葉を鵜呑みにして、簡単な商売だと思いかけてしまう。

帳場の隣に、市場で仕入れてきた本が積み上がっている。そこには洋書も混じっている。たぶんきっと、フランス語の本だ。ぼくはフランス語が読めないから、それがどんな本なのか、文字を見てもさっぱりわからない。

藤原さんも、フランス語が読めるわけではないのだという。なのにフランス語の本に札を入れて落札し、自分のお店で売って利益を出す。そう考えると、ちっとも簡単な商売ではないことがわかる。

洋書専門の古本屋であれば、その本にどれほど価値があり、現在だといくらで売れそうか判断できるだろう。専門店には蓄積された知識がある。でも、藤原さんは専門外の本も仕入れる。

「市場で仕入れてきても、いくらで売れるかわかんないから、不安といえば不安です」と藤原さん。「でも、価値がわかってるものを仕入れてきて、それが売れなかったら自分のせいじゃないですか。でも、わからないものだと、誰のせいかわかんなくなるから、他力本願でやってますね。お金を出して仕入れるから、『あとは勝手にやってください』みたいな気持ちです」

詳しくないジャンルを扱うために、藤原さんはよく人を観察する。

市場に出品される古書は、公平を期すべく、誰が出品したのかは表記されない。でも、封筒に書かれた手書きの文字を細かくチェックしていれば、誰が出品したのかわかるようになるという。この書店が出した洋書なら、きっと売れる——藤原さんはそうやってアタリをつけて入札する。相手が出した手札を読み解き、どの古書店主が何を狙っているか探りながら、めあての本に入札する。ぼくは麻雀をやらないけれど、たぶんきっと、麻雀はこういう読み合いの世界なのだろうなと思う。

「高校生のころはよく麻雀やってましたけど、苦手でしたね」。ぼくの見立てを伝えると、藤原さんはそう話してくれた。「麻雀は4人で顔を突き合わせてやるから、リングに上がって戦ってる感じなんですよね。市場だと、リングの外側からスナイパーのように撃ち抜く感じがして、そっちのほうが好きなんです。誰も気づいてないところで、気になる本を落とす。それをネットで高く売って、『ほら！』ってなるのが好きなのかもしれないです」

気づけば日が傾いている。「ラジオを聴いてると、一日があっという間ですね」。藤原さんはそう笑いながら、次に聴く番組を探している。

2月19日（水曜）

駐車場には「20分400円」と看板が掲げられている。都心の駐車場の中でも、この値段は高額なほうだろう。今日は出張買取があり、軽バンを走らせ表参道にやってきたのだ。依頼主のSさんから連絡を受けたのは藤原さんではなく、先輩だった。千駄木にあったブルース・バーで知り合い、「古書信天翁」によく足を運んでくれたお客さんで、今回も先輩づてに出張買取を依頼してくれたのだ。

「僕らはBOEESってバンドをやってるんです」。先輩がSさんにぼくたちのことを紹介してくれる。「そのＢＯＥＥＳの皆が、『古書信天翁』の片づけを手伝ってくれて、それで無事に閉めることができたんですよね。ＢＯＥＥＳがいてくれたから、私は今、生きられてるんです」

「古書信天翁」が最終営業日を迎えたのは、２０１９年2月9日。その翌日には、ＢＯＥＳの皆――ボーカル・イラストレーターの武藤良子、ギター・「古書往来座」瀬戸雄史、ベース・「丸三文庫」藤原健功、ドラムス・「古書信天翁」山﨑哲、それに記録係のぼく――で、「古書信天翁」の在庫を紐で縛り、市場に出品する準備をしたのだった。そうして縛った本を出品したのが中央市会の大市だった。

1年前のことを思い出しながら、藤原さんと先輩が本を縛る様子を見つめる。先輩はＳさんと談笑しながら、なごやかに作業を進めてゆく。

「山﨑さんは今、住まいはどこなの？」

「今は××のあたりです」

「ああ、そうなんだ。あの近くにあるパン屋が昔から好きなんだよね。なんだっけ、有名な――」

「××××パンですか」

「そう、××××パン。親父の墓参りに行くと、あそこに寄ってます」

「朝8時ごろになると、あそこのパン屋が、サンドイッチのために切り出したパンの耳を

20円で売るんです。それがあると、ラッキーだなあって」

「パンの耳って、昔はくれたもんだけどねえ」

1時間ほどで本を縛り終えると、本を運び出す。すべての本を積み終えたところで、先輩がSさんに買取価格を打診しにゆく。車で待っているあいだ、「やっぱり、先輩はすごく丁寧ですね」と藤原さんがつぶやく。「買取の仕方が、僕と全然違うなと思いました。僕はたぶん、先輩に比べると『早く帰りたい』って空気を出しちゃってると思うんですけど、先輩は話を聞くのが上手ですね」

数分経って、先輩が戻ってくる。Sさんは買取価格に納得してくださったようだ。

「早稲田に行くときがあれば、お店に寄りますね」。玄関先まで見送りにきてくれたSさんが言う。

「嬉しいです。基本的には、月曜と水曜と金曜は『丸三文庫』にいます」と先輩。

「山崎さんがいるのは何時から何時まで？」

「お昼から15時くらいまでです」

「そのあとはウーバーイーツ？」

「でも、ウーバーは気が向いたときだけでいいんです。15時まで『丸三文庫』に勤務して、帰ってウーバーをやるのが基本なんですけど、別にやらなくても構わないので、ぜひ寄ってください」

先輩のやりとりはどこまでも丁寧だ。Sさんに見送られ、表参道のマンションを出発する。今日は平日だけれども、表参道の路地は人で溢れている。あれは何という花なのだろう、ピンク色の花が咲き乱れている。晴れやかな風景が続く。

「軽のバンって、無敵ですよね」。ゆっくり車を走らせながら、藤原さんが言う。「どんな高級な住宅街や、こういう華やかな場所にきても、軽のバンだと『仕事してます!』って感じが出るから、気持ちがわりかし楽ですね」

路地を曲がると、小さな子を連れた母親たちとすれ違う。その姿を見た先輩が、「あの子たち、日常会話は英語かもしれないね」と言う。

「英語はしゃべれるでしょうね。バレエ習ってそう」と藤原さん。

「この子たち、バレエだねえ。髪をひっつめてる」

「英語がしゃべれて、バレエを習って――それで慶應の幼稚舎に行くんでしょうね」

そんなふうに軽口を叩きながら、外苑東通りに抜けて、本を積んだ車は走ってゆく。開店時間を過ぎているけれど、3人でお昼ごはんを食べることにする。藤原さんが選んだのは「かわうち」というお店。古書組合の新宿支部の忘年会などで利用する居酒屋で、ランチ営業もおこなっている。今は春休みだが、普段は学生で賑わっており、ランチはどれもボリュームがあるという。先輩は角煮定食を、藤原さんは唐揚げ定食を注文する。

「年を取ると、ごはんが食えなくなりますね」と藤原さん。

「ですよねえ。今もちょっとどきどきしてます」と先輩。

運ばれてきた定食を、黙々とかき込んでいく。途中で休んでしまうと食べきれないような気がして、一気に平らげる。完食した先輩は「夜はもう、食べなくていいかもしれない」と笑う。

13時過ぎに「丸三文庫」に戻り、店を開けると、藤原さんはネット通販の発送作業に取りかかる。先輩は出張買取してきた本の紐をほどき、まずは店頭で販売するものと市場に出品するものに仕分けてゆく。

「仕分けのほうが楽しそうだな」と藤原さんがぼやく。「先輩たちが『古書ほうろう』を始めたときって、ネット環境ってありました？」

「言われてみれば、最初のころはネットがなかったですね」と先輩が答える。先輩は2010年に独立して「古書信天翁」を始めるまで、千駄木にある「古書ほうろう」を4人で営んでいた（「古書ほうろう」は現在、池之端に移転）。

「僕はずっとネットの作業をしてるから、これがなかったら何していいかわかんないんですよね。ネット環境がなかったとき、店番しながらどんな仕事してました？」

「買取をして、本をきれいにして――その繰り返しですよ。今、聞かれて思い出しましたけど、『スラムダンク』がずらっと入ってきて、それを読んだのはおぼえてますね」

15時過ぎに梱包を終えて、近所の郵便局から出荷すると、そこからはふたりがかりで本を仕分けてゆく。先輩が大まかに仕分けた山のうち、市場に出品することになったぶんを藤原さんが紐で縛り、あっという間に作業を終えてしまう。その素早さに驚いていると、「いや、市場に出品する本の仕分けは簡単なんです」と藤原さんは言う。「お客さんから買い取った本って、あんまりきっちり仕分けちゃうとうぶく見えないんですよね。ちゃんと『お客さんから買ってきた本です』って見せないと、市場で入札してもらえないんです。お客さんから買い取ると、かならずお客さんの趣味が見える。そこに趣味と違うものが入ってくると、『いちど本屋さんが使ったけど、売れなかった本なんじゃないか』と疑って、入札したくなくなったりするんです。もちろん、きっちり仕分けて『めっちゃ良い本です』って見せることで入札してもらうのも一つの手なんですけど、あんまり仕分け過ぎないほうが『良い本が埋れてるかも』と思ってもらえる気がします」

雑誌の山を仕分けているうちに日が暮れて、受験生が駅に引き返してゆく。通りかかる受験生のうち、店内に視線を向ける子を数えてみる。１００人のうち、14人が「丸三文庫」の中に視線を向けながら通り過ぎてゆく。この日、早稲田大学を受験した子のうち、何人が古本屋に足を運ぶようになるだろう。

すべての作業を終えるころには、18時を過ぎている。もう「丸三文庫」の閉店時間だ。軽バンに収まる量の出張買取でも、ふたりがかりで1日仕事になる。それとは別に、市場まで出品しにいく手間もかかれば、誰にも落札されなければ引き取りにいく手間もかかる。

閉店準備を終えると、藤原さんは慌ただしくこどもを迎えに帰ってゆく。

受験生はもう歩いていなかった。すっかり暗くなった早稲田通りを、高田馬場駅まで歩く。今ではもうぴかぴかだとは感じなくなったけれど、ひかりの中を歩き続けている。

BOOKS青いカバ

3月28日（土曜）

東京で桜が満開となったのは、6日前のことだった。駒込駅のロータリーにある桜の樹も満開で、散ってしまった花びらがアスファルトに貼りついている。六義園《りくぎえん》を右手に見ながら本郷通りを南に進み、上富士前の交差点を右手に曲がると、「BOOKS青いカバ」がある。開店時刻の10分前に到着すると、店主の小国《おくに》貴司さんは軒先をホウキで掃いているところだ。均一台を整え、足拭きマットを敷き直すと、扉を開け放った状態のまま営業を始める。

「こんちは」。オープン直後、常連のお客さんが来店する。小国さんは「こんちは」と挨拶を返しながらレジを打ち、「外出して大丈夫なんですか？」とお客さんに訊ねる。何言ってんすか、お店がやってるなら買いにこないと。常連客はそうきっぱり言って、購入した本を鞄にしまい、帰ってゆく。

3月25日、東京都の新型コロナウイルス新規感染者数は過去最多の41人となった。その夜、東京都知事は「感染爆発 重大局面」と書かれたボードを手に緊急記者会見を開き、ロックダウンの可能性も示唆しながら、週末は不要不急の外出を自粛するように呼びかけた。

「この週末、店を開けるかどうか、結構悩みましたね」。小国さんは帳場に積み上がった本の山を整理しながら、そう振り返る。「先週、先々週と買い取りが重なって、段ボールで20箱ぐらいの量が入ってきたんですよ。倉庫に押し込めるものは押し込んで、あとはどんどん値付けをして――そんな状態なので、仮にお客さんがひとりもこなくても、やることはいっぱいあるんですよ。ただ、無駄に叩かれたくないじゃないですか。店を開けてることで叩かれるなら、ちょっと休んでもいいかなとは思うんですけど、開けて欲しいって人が一定数いるのであれば、開けてもいいかなと思うんですけどね」

9年前の春を思い出す。

２０１１年3月11日。東日本大震災が発生した少しあと、ぼくは「古書往来座」の様子を見に出かけた。会社は早上がりになったのか、明治通りは歩いて帰途につくサラリーマンで溢れ返っていて、「こんなに人が歩いてるのは御会式《おえしき》のときぐらい」と、瀬戸さんは目を丸くしていた（「御会式」というのは雑司ヶ谷の鬼子母神で開催されるお祭りのこと）。池袋にある新刊書店に足を伸ばすと、臨時休業に切り替わっており、店員さんたちがレジの前に集まってミーティングをしているのが見えた。あの日、小国さんは「リブロ」（池袋本店）で働いていたという。

「私はちょうど池袋に異動になったばかりで、異動して2週間で震災があったんです。だから最初にやった仕事で記憶に残っているのは、シフト調整の電話をかけまくったことで。震災の翌日からは臨時休業になったり、しばらく短縮営業になったりしたので、アルバイトさんにシフト調整の電話をかけまくったんですよね」

「リブロ」（池袋本店）は、3月12日と13日は18時までの短縮営業をしたのち、14日には臨時休業となった。この日から計画停電の影響により、首都圏の数店舗が臨時休業を余儀なくされている。あの春、電力の需給が逼迫したこともあり、東京でも演劇やライブの公演は中止や延期が相次いだ。ただ、物理的に営業が難しいということはあっても、本屋が営業自粛を要請されることはなかった。

「本屋さん、やってるよ！」

お店の入り口に立った小さいこどもが、後ろを振り返ってそう叫んだ。少し遅れて、若い父親も入店する。こどもが絵本に夢中になっているあいだ、父親は日本文学の棚をじっくり眺めている。

小国さんがリブロに入社したのは、2004年のこと。最初勤めたのは錦糸町店だった。リブロは2年に1度転勤があり、都内を中心に6店舗で働いた。

「新刊書店時代は、狭くても100坪から150坪のお店で働いてたんです。その広さのお店に毎日のように行って、1日10時間過ごす。それを2年続けると、全部わかっちゃうんですよ。お客さんに『この本、どこにありますか?』と聞かれて、ああ、それはあそこの棚にと店員が答える――それをすごいことのように言ってもらえることもあるんですけど、2年も働いていると、誰でもわかるようになるんですよ。全部わかっちゃうと飽きるんです。だから、リブロはちょうど飽きかけたタイミングで異動がある仕組みになってたんですよね。だから、自分で店を始めるときも、不安の半分ぐらいはそこだったんです。新刊書店時代に比べると、お店の広さは10分の1以下になったんですけど、『2年で店を移動します』とはいかないので、飽きずに続けられるかどうか。それが不安だったんですけど、今のところ飽きずに続けられてます」

　小国さんは13年間リブロに勤めたのち、2017年1月9日、「BOOKS青いカバ」をオープン。古物商の許可を取り、新刊と古本を扱うお店を始めた。新刊書店で働いてきた小国さんは、どうして新刊だけでなく古本も扱うことにしたのだろう?

　本が積み上げられた帳場で、小国さんは書きかけの原稿をプリントアウトし、推敲する。夏葉社の島田潤一郎さんから「ブックオフについて書いて欲しい」と依頼された原稿は、今日が締め切りだ(その原稿は、のちに出版された『ブックオフ大学ぶらぶら学部』という書籍に収録されている)。

　小国さんは1980年、山形県生まれ。親の転勤により札幌、八戸と引っ越し、高校生になる春に立川に移り住んだ。新刊書店に立ち寄ることは多かったけれど、古本屋とは無縁の生活を送っていた。転機となったのは、近所に新古書店がオープンしたこと。新古書店とは、ブックオフに代表される新しい古本屋で、１９９０年代から２０００年代にかけて郊外を中心に店舗を増やした。

「地方にいたときは、近所に古本屋がなかったんです。デパートや駅の施設の中――いわゆる即売会で古本を買うことはあったんですけど、当時はまだ古本屋って認識はなくて。古本屋を認識したのは、近所に新古書店のチェーンができたときなんです。最初は『本が安く買えるんだ？』ってことで入ったんだと思います。それをきっかけに、いろんな古本屋に行くようになって。大学生のときに小島信夫を知って、すごく好きになって。小島信夫の本は新刊で探すことはできないので、古本屋をまわってましたね」

立教大学に通っていた小国さんは、定期券の区間内にある駅で途中下車し、古本屋を探して歩くのが趣味だった。当時はスマートフォンもない時代。全国古書籍商組合連合会が発行する加盟店の案内はあったけれど、小国さんは自分の嗅覚をたよりに散策した。その時期に足繁く通ったのが駒込だった。

「駒込駅周辺には、古本屋がたくさんあったんです。今はアザレア通りの宮橋書店さんしか残ってないんですけど（２０２１年６月に閉店）、駅の近くに２店舗あって、駅の逆側にも何店舗かあったんですよ。それがどこも良い古本屋だったんですよね。変わった本も

東京都公安委員会許可 第30548160717
書籍商
BOOKS青いカバ
Square
VISA
PayPay
1st Anniversary
BOOKS
青いカバ
BOOKS
青いカバ
BOOKS
青いカバ
月~土:11:00~21:00
日・祝:11:00~19:00
ツイッター「BOOKS青いカバ」にて
情報発信中！
買い取りいたします！
BOOKS青いカバ
TEL:03-6883-4507
幻の戦時下文学
『月刊毎日』傑作選
文豪たちの戦争
ことばをながめる、ことば

たくさん並んでたし、面白い本が均一台にバンバン並んでいる。それはたぶん、買い取りで仕入れた本を均一で出してたんだと思うんです。だから、駒込で古本屋を始めると、読書する人も多いだろうし、買い取りもあるだろうし、開業しようと思ったときから第一候補は駒込でした。それで今の物件が出てきて、ここで始めようと。すぐ近くに東洋文庫もあるから、このあたりにもっと古本屋があってもおかしくはなかったと思うんですけどね。ここは東京古書組合の文京支部になるんですけど、組合に入りたてのとき、文京支部の人たちから『あそこは盲点だね』と言われた記憶がありますね」

東洋文庫はアジア全域の歴史と文化に関する研究所であり、図書館も設置されている。普段であれば、週末になると東洋文庫帰りのお客さんで賑わう（東洋文庫では入館証がわりにシールが手渡されるので、そのシールをつけたままのお客さんが「ＢＯＯＫＳ青いカバ」によく立ち寄る）。ただ、３月３日から東洋文庫は臨時休館中だ。

「すみません、お手洗いを貸していただけませんか」。こどもを連れた母親が来店する。

「うちのトイレ、こどもは怖がって入れないこともあるんですけど、大丈夫ですか？」

「なんでこわがるんですか？」とこどもが聞き返す。

「それはね――暗くて狭いから」

小国さんはトイレの前に積み上げられていた段ボールの山をどかし、トイレの扉を開く。無事に用を足したこどもは、母親と一緒に本棚に見入っている。おそらく初めて立ち寄ったのだろう、母親は小国さんに値段を訊ねる。この棚は新刊なので、定価になるんです。真ん中の棚は古本なので、最終ページに値段が書いてあります。小国さんは丁寧にそう伝えている。トイレを借りたお礼もあるのだろう、母親は児童書を数冊買ってゆく。会計を終えたあともしばらく棚に見入っていると、こどもは「ママ、またトイレ行きたくなっちゃうよ」と母親を急かし、店を出てゆく。

「普段は土日だともうちょっとお客さんがきてくれるんですけど、今日は平日みたいな感じですね」。原稿の推敲を中断して、小国さんが言う。「ただ――古本屋さんがある程度固まっている場所だと、週末になると古本屋さんめぐりをするお客さんがきてくれるんでしょうけど、うちみたいにポンと1軒だけあると、近所の方が日常的に立ち寄ってくれるほうが多いんです。今の状況になって、以前にも増して近隣の方が増えた気がします。『初めて入ってみた』って言ってくれるお客さんも、今月は多かったです」

「BOOKS青いカバ」は、店頭に均一台がある。店内に入るとすぐに新刊台があり、左手に文庫棚が、右手に絵本や児童書が並んでいる。奥に進むと文芸、人文、ビジネス、理工、建築と、いろんなジャンルが揃っている。この配置も、近隣のお客さんが入りやすいように工夫されているのだろう。

昼下がり、トートバッグを提げたお客さんがやってくる。しばらく帳場の近くにある棚を眺めていたお客さんは、勇気を振り絞るように、「すいません、本を買い取ってもらうことってできますか？」と切り出す。小国さんはお客さんが差し出した3冊の本をすぐに査定して、金額を提示し、代金を支払う。

「本の値付けは、常に悩んでます」。お客さんが帰ったあと、小国さんはそう漏らす。「比較的新しい本であれば、『定価の何掛け』と一律でつけちゃって、そこにプラスアルファがあるかどうか――。同じ本が入ってきても、高く見えるときもあれば大したことなく見えるときもあるんですけど、できるだけブレないように、ブレないようにとは思ってます」

小国さんは大学時代、古本屋でアルバイトしていた。そこはフランチャイズ展開する新古書店だった。コミックスの買い取りは、数週間おきに本部から送られてくる価格表に準じて値段をつけて、それ以外はスタッフが買い取り価格を決めていた。学生時代の4年間は古本屋で働いていたおかげで、新刊書店から古本屋に転身するときもギャップを感じることはなく、「会社の辞令で駒込に異動する」ぐらいの感覚だったという。ただ、いざ開業してみると、新刊書店と古本屋の仕事の違いを痛感した。そのひとつが値付けだ。

「販売価格が決まっていない以上は、その本にいくらつけるかっていうことが、商売の差になってくると思うんです。たぶんきっと、『買い叩いてやろう』と思っている古本屋ってそんなに多くはなくて、ちゃんとした値段で買おうと努力してるんだと思うんですけど、そのちゃんとした価格はそれぞれの古本屋が判断するしかないんですよね。組合に入ったばかりの頃に、『本に詳しくなればなるほど、買い取りじゃ儲かんなくなるんだよな』って古本屋さん同士が話してるのが聞こえてきたことがあって。パッと見たときに、貴重な本が入っていると、どうしても高い値段をつけてしまう。だから、本について知らないってことは、儲かるってことでもある。まあでも、結局のところ、お客さんが喜んでくれるかどうかだと思うんですよね。お客さんが『売ってよかった』と思う価格をつけられたら、古本屋としては満足すべきなんだろうなと思います」

「BOOKS青いカバ」を開業したばかりの頃は、棚を本で埋めきれず、奥の本棚はパネルで塞いでいた。開店した当初は組合に入っておらず、市場で本を仕入れることはできなかった。棚を埋められたのは買い取りのおかげだと小国さんは振り返る。今日も立て続けに買い取りを希望するお客さんがやってきて、「原稿やってる場合じゃないですね」と小国さんは値付けに集中する。親子連れのお客さんがやってきて、こどもは児童書を読み耽る。そのあいだに父親が本を数冊選び、帳場に差し出す。小国さんは値付けを中断し、会計を済ませて本を袋に入れると、「よかったら、好きなものを一枚どうぞ」とフライヤーの束を差し出す。版元の人が販促用に置いていった児童書や絵本のフライヤーだ。親子連れが入店したとき、小国さんはそちらに視線を向けることはなく、値付けに集中しているように見えたけれど、目の縁でその姿を捉えていたのだろう。

「新刊書店で働き始めたとき、最初に言われたのが『お客さんを意識しろ』ってことだったんです」と小国さんは言う。「僕が働いていたのは百貨店系の本屋だから、常にお客さんを意識しなさい、『いらっしゃいませ』と『ありがとうございました』をきちんと言いなさいって、最初に教えられて。それに、サービスレベルの問題だけじゃなくて、万引きを減らすためにも、スタッフがお客さんを見るかが大事になってくる。10何年間働いていると、それが染みついちゃってるんですよね。でも、自分で店を始めてからは、いかにお客さんを見ないかってことのほうが大事なんじゃないかと思うようになりました。この規模の店でお客さんのことを見てしまうと、お互いストレスになると思うんですよね。お客さんが何も買わずに出ていくのが続くと、全否定されてる気分になってしまう。その解決策は、気にしないこと。こっちが作業に集中しているときのほうが、お客さんも居心地がいいのか、本も売れるんです」

17時半を過ぎたあたりで、雨が降り始める。閉店まであと1時間半ほど残っているけれど、「今日はもう、お客さんこないでしょうね」と小国さんが言う。

オープン直後に本が売れたとき、「これで売り上げゼロはまぬがれました」と小国さんは笑っていた。どこか冗談めかした言い方だったけれど、外出自粛が呼びかけられている状況下でお店を開けることに不安があったのだろう。蓋を開けてみると、この日は想像以上に盛況だった。

「今日きてくれたお客さんは、ほとんど常連の方でした」。閉店作業をしながら、小国さんが教えてくれる。その言葉は少し意外だった。今日「BOOKS青いカバ」を訪れたお客さんの大半は、小国さんと言葉を交わすことなく買い物を済ませ、帰っていったからだ。

「このご時世もあって、それは大きなテーマのひとつなんです」と小国さん。「買うだけならアマゾンで十分っていう世界になってきているので、『店が生き残るためにはコミュニケーションが必要だ』と言われるじゃないですか。それに対して、どういう態度をとるのか。今の時代に店をやっている以上、そこを考えるのは必須ですよね。まったくコミュニケーションを取らないというのもひとつの選択肢だし、積極的に取ろうとする店だってあるだろうし。うちの店だと、仲良くなって長く話すお客さんもいますけど、並べてある本を黙って買っていくお客さんのほうが多いです。本って基本的に、話しかけて買ってもらうものじゃないと思うから、並んでいるものを見て買ってもらうのが一番だと思ってます」

取材を終えた帰り道、最寄りのコンビニエンスストアに立ち寄り、缶ビールを買った。この時間帯によく働いている店員さんは、「いらっしゃいませ」も「ありがとうございました」も言わないけれど、それを不快に感じたことは一度もなくて、どこか好ましく思っている。こんな状況になって、接客してくれる店員さんのこと、以前にもまして意識するようになった。言葉を交わしたこともなく、名前も知らないのに、その人のことを知っている。自分が暮らしている街だけじゃなくて、遠く離れた土地にだって、知っている誰かがいる。そんなつながりが存在することが、心の支えになっている。

3月29日（日曜）

昨日の夜に降り始めた雨は、朝になると雪に変わっていた。桜が満開を迎えたあとに1センチ以上の雪が積もるのは、51年ぶりだという。11時になっても気温は1℃を下回り、雪が降り続けている。

真冬のような天気だけれど、小国さんは昨日と同じように開店作業を終えると、「BOOKS青いカバ986日目オープンしました」とTwitterに投稿する。開業した日から、ほとんど毎日のように、小国さんは「×日目オープンしました」とツイートしてきた。

「昨日の夕方に、沼野充義さんの最終講義があったんです」。ツイートを終えて、インターネット経由で注文が入った本の発送準備に取りかかりながら、小国さんが言う。ロシア・東欧文学研究者であり、文芸評論家の沼野充義さんは、今年の春で東京大学を定年退職した。当初は大学で最終講義とシンポジウムが開催されることになっていたけれど、コロナ禍により中止を余儀なくされた。ただ、書評サイトの「オール・レビューズ」協力のもと、「東大教授としての最終講義」がネット中継された。そこで取り上げられた本に、さっそく注文が入ったのだという。

こんな天気でも、開店後からぽつりぽつりとお客さんが訪れる。昨日にも増して、じっくり棚を見るお客さんが多く、会計が1万円を超えるお客さんもちらほら見受けられた。

「新刊が1冊入ると、金額が一気に跳ね上がるんですよ。新刊を扱うメリットは大きくて、店頭に新刊台があると、『きれいな本が並んでる』ってイメージが強くなるんですよ。ただ、新刊はどんなに安くても仕入れ値が定価の7割6分なので、儲けは2割4分しかないんです。古本とはまったく逆で、儲けがかなり少ないんですよ。ただ、現金で仕入れてるものは、売れるとその場でキャッシュに変わるんですよね。仕入れに出ていくお金が大きいとは言え、店をやっている以上、キャッシュが一時的に増えるメリットは大事なんです」

新刊を扱うことには、もうひとつ理由がある。

小国さんが新刊書店で働き始めた2004年には、全国的に新刊書店が減り始めていた。そんな状況の中で、2014年の春、セブン-イレブンの店頭に「セブン-イレブンは街の本屋」と書かれたポスターが貼り出された。各店舗に端末が設置され、それを操作して注文した書籍を店頭で受け取れるサービスを始めた。「リブロ」で働いていた頃から、いつか古本屋をやろうと思っていた小国さんだったが、そのニュースに違和感をおぼえ、新刊も扱うお店として「BOOKS青いカバ」を立ち上げた。

新刊は基本的に買い切りで仕入れている。つまり、売れなかったとしても返本できないので、一度に仕入れるのは基本的に3冊までと決めている。「ただ、海外文学（ガイブン）

の良いところは、そもそも流通が少ないので、値崩れがしにくいんです」と小国さん。「古書として持っていたとしても、ひょっとしたら10年後、定価以上で売れる可能性もある。それは大きいですよね。だからやっぱり、海外文学は専門書に近いんだろうなとは思います」

13時半、気づけば雪はやんでいた。ただ、一向に気温は上がらず、扉が開くたび冷たい空気が吹き込んでくる。がらりと扉を開き、お店に入ってきた女性が「バッテリーある？」と小国さんに訊ねる。

「何のバッテリー？」

「ｉＰｈｏｎｅのやつ」

「ああ――じゃあこれ」

「ありがと。あと、返しにいく」

充電ケーブルを借りにきたのは、すぐ隣にあるタイ料理屋「ＺａａＢ《サップ》」の店員さんだ。この週末は営業を自粛しているけれど、用事があってお店にきたのだという。「ＺａａＢ」で働いているのはタイ出身の店員さんたちで、まだ日本語に不慣れな人もいる。時折こんなふうに店員さんが「ＢＯＯＫＳ青いカバ」の扉を開き、「お兄ちゃん、レジ！」とレジ打ちを頼まれることもある。そんなときはお礼にパッタイをご馳走してくれるのだという。

お客さんが途切れたところで、小国さんは店の状態を見てまわる。「やっぱり、間違いなく沼野先生の影響だ」と小国さんがつぶやく。今日は東欧文学が立て続けに売れている。

ぼくが生まれ育った小さな町には、書店に海外文学の棚はなく、東欧文学に触れる機会もなかった。地方都市に限らず、東京の書店でも海外文学の棚は減りつつあるけれど、海外文学を求める読者はしっかりいる。「ＢＯＯＫＳ青いカバ」は、開業した年の夏に発売された岩波文庫の『プレヴェール詩集』（小笠原豊樹訳）を１００冊入荷し、２週間とかからずに売り切った。

値付けを終えた本を棚に補充する。棚の隙間が埋まったあとも、小国さんはすすすすと棚の並びを細かく直す。「この本の隣には、この本を置くべき」という法則も、そこにはあるのだろう。でも、ただ文脈にしたがって本を並べているというだけでなく、もっと直観に近いものがあるのではないか。均一台に積み上げられている本の重なり順も、小国さんはすすすすすと並べ替えている。

「自分ではあんまり意識してないんですけど、これはもう、癖ですね」。小国さんはどこか気恥ずかしそうに言う。「もちろん『この著者の隣に誰を置くか』って並びも考えますし、均一台でも『歴史系はここ』とか、『ビジネス系はここ』とか、ざっくりした置き場所は決めてるんです。でも、それだけじゃなくて、なんとなくこう並べたほうが売れるんじゃないかって、細かくいじってます。不思議なもので、やっぱりいじったところから売れていくんですよ。古書も新刊も、いじると売れるので、なんとなくいじっちゃいますね」

鳩時計の音が鳴り、白い鳩が顔を覗かせる。正時には時間の数だけ、半には１度だけぽっぽと鳴る。鳩時計が14時半を知らせたところで扉が開き、顔馴染みのお客さんが、この春から大学生になるお子さんと一緒に来店する。

「おめでとうございます」と小国さん。

「ありがとうございます」

「でも、大変ですね。卒業式も、入学式も」

「そう、どっちもなくなっちゃって」

「卒業証書代わりに、『つげ義春日記』はどうでしょう?」小国さんは近くの棚に並んでいた本を取り出して言う。「それか、『ムハンマドのことば』とか?」

「それ、ほんとに薦めてます?」と津守さん。

「いや、『ムハンマドのことば』は読んでみたいなと思ってたんです」

「そうだ――小国さんにお薦めの本を選んでもらったら?」と津守さんが言う。「この時期になると、新入生や新入社員にお薦めする本のコーナーが書店にできますよね」

「ありますね。俺も作らされた記憶がありますよ」

お子さんの手元には、大学から送られてきたという「4月までに読んでおいたほうが良い書籍リスト」があった。小国さんは、リストにある本の中から「BOOKS青いカバ」に並んでいるものを探し、お子さんに差し出す。

こんなふうにリストがあったり、相手のことをよく知っていたりすれば、どの本を薦めるかという手掛かりになる。でも、知らない誰かに本を薦めるとなると、何を選べばいいのか途方に暮れてしまう。書店というのは、知らない誰かが買ってくれることに期待して、本を並べておく商売だ。

「本を読む人と読まない人の差って、めちゃくちゃ激しいじゃないですか」。小国さんが言う。「うちは本を読む人に支えられてるなと思うんですけど、もう一方で、どうすれば読む人を増やせるかってことも考えるんです。本を薦めるにしても、相手に合わせたものを選んであげないと、一気につまんないものになってしまう。だからといって、読みやすさを重視し過ぎると、歯応えがなくて面白くないんですよね。だから、自分で選んでもらうのが一番なんですけど、自分で選ぶのはハードルが高いというのもわかるんです。こうやって考え出すと八方塞がりなんですけど、どうすれば『本って純粋に楽しいよ』って伝えられるか、ずっと考えてますね。本が好きな人に届けるのは絶対に必要なことなんだけど、そこで閉じてしまったら終わりって気がするんです」

近所に住んでいるのだろう、買い物袋を提げたお客さんが入ってくる。するすると店内を眺めて歩き、5分と経たないうちに去ってゆく。そんなふうに短時間で帰ってしまうお客さんもいれば、30分以上滞在するお客さんもいる。

「すいません、××さんの本ってありますか？」

しばらく棚を眺めていたお客さんが小国さんに訊ねる。××さんの本だと、日本文学の棚になるんですけど——たぶん入ってないと思います。小国さんは棚まで案内するのではなく、帳場でそう伝えた。お客さんは日本文学の棚を少しだけ眺めると、別の棚をじっくり吟味し、4冊ほど買っていく。

「今のお客さんみたいに、『この著者の本ありますか?』って問い合わせをしてくる方って結構いるんです。でも、ある日気づいたんですけど、棚まで案内して『ここにあります』と言っちゃうと、買わずに帰っちゃうお客さんもいるんです。そこまで手をかけてしまうと、テンションが下がってしまうのか、自分で選んだものだけを買っていく。気持ちはわからんでもないから、手をかけ過ぎないようにってことは考えてますね。お客さんってほんと色々で、だから接客は楽しいんでしょうね」

日が暮れると、人通りは途絶えた。不忍通りを上野行きのバスが走ってゆく。乗客の姿は見えなかった。

3月30日(月曜)

今日も朝から冷え込んでいる。でも、「BOOKS青いカバ」の前を行き交う人たちはコートを着込んでおらず、春らしい装いだ。きっと近隣のオフィスで働く人たちが、昼休みにふらりと買い物に出ているのだろう。店内の棚は見ずに、均一台の本をパパッと買っていく。手元には弁当袋を提げている。小国さんは均一用の本をきれいに拭き、ラベラーで値札を貼り、次々に補充する。

13時をまわり、お客さんが途切れたところで、小国さんはお隣さんに昼ごはんを注文しにゆく。15分ほど経ったところで、「昨日はバッテリーありがとうね」と、「ＺａａＢ」の店員さんがパッタイを運んできてくれる。

「ここのパッタイ、めっちゃうまいんですよ」と小国さん。「一番好きなのはカオマンガイなんですけど、激しくニンニクが効いてるから、営業時間中に食べるのは憚られる。持ち帰りだと２００円安くなるんですけど、店で食べるとデザートとサラダがつくんです。そのデザートがね、日替わりで美味しいんですよ」

ひとりで店番をしていると、お昼を買いに出かけるわけにもいかず、事前にコンビニで弁当を買ってくるか、今日のようにお隣さんで注文することが多いという。「ＢＯＯＫＳ青いカバ」でイベントを開催すると、大抵の場合「ＺａａＢ」で打ち上げをする。小国さんのおすすめはソフトシェルクラブのカレー炒めとサイウア。サイウアはタイ北部・チェンマイを代表するソーセージで、生姜の千切りと一緒に食べる。話を聞いているだけでもビールが飲みたくなってくる。

「ちょっと、手芸の本見てっていい？」

買い物袋を提げたお客さんが来店する。少し遅れて、小さいこどもとお年寄りが入ってくる。親子3世代だろうか。ビニール袋ごしに冷凍食品が透けて見える。手短に棚を眺めると、「学校が始まったらまたこようね？」と言い聞かせ、家路を急ぐ。店の外を、青色のランプを回転させた車が通り過ぎてゆく。「爆発的感染を防ぐための行動を」とスピーカーで呼びかけている。

昼下がり、買い取りを希望するお客さんがやってくる。お客さんが鞄から取り出したのは絵本だった。査定を終えて、お客さんに代金を支払うと、「これはあとで長田《ながた》さんに値付けしてもらおう」と、帳場に積み上げておく。長田さんというのは、「BOOKS青いカバ」でアルバイトをしている女性だ。

きっかけは2年前の春、こどもが保育園に通い始めたことだった。小国さんがお迎えにいくか、それとも妻に迎えに行ってもらうか。妻に時短勤務をしてもらうよりも、「BOOKS青いカバ」でアルバイトを雇って小国さんが迎えにいくほうが、家計を考えると都合が良さそうだった。

定休日の水曜を除く、平日16時から19時まで。時給は1000円。Twitterでアルバイトを募ると、想像以上に申し込みがあった。小国さんは告知文に、「将来本屋さんをやりたい方、大歓迎です」と書いていた。

「僕は人にお願いするのが得意じゃないので、主体的に動いてくれる人だとありがたいなと思ったんです」。小国さんはそう振り返る。「そうすると、『将来的には自分で本屋をやりたい』と目標があるほうが、自分で考えて動いてくれるんじゃないかな、と。それに、いつか自分で店を始めたいと思っているのであれば、なんとなくでも入ってくる本を見ておくと武器になるだろうなと思ったんです。自分も大学4年間に古本屋でなんとなく見ていたことは、すごく役に立ってるんですよね。僕が何か教えるというより、入ってくるものを見ておくだけで勉強になる。だから長田さんにも『とにかく量を見ておいたほうがいいよ』とは伝えてます」

15時58分、長田枝実さんが出勤すると、小国さんは仕事を引き継ぐ。

「そこに絵本の山がたっぷりあるのと——この児童書、昨日買い取ったんだけど、どう思う？」

「いくらで買ったんですか？」

「セットで×××円」

「え！　いくらで売る気だったんですか？」

「×××円では売りたい」

「いや、その金額じゃ売れないですよ。だってこれ、こどもが読む本ですよ？」

長田さんの手厳しい言葉に、小国さんは自信なさげに「間違ったかなあ」とため息をつく。いや、案外パッと売れるんじゃないかと思うんだけど。でも、たしかに高く買い過ぎたかなあ。小国さんは独り言のようにつぶやきながら支度を済ませ、お子さんを迎えに帰っていく。

長田さんは1993年鹿児島生まれ。小さい頃から本が好きだった。週末になっても家族で外出することは少なくて、買ってもらった本を読んで過ごすことが多かったという。大学進学を機に上京し、学生時代はずっと本屋でアルバイトをしていた。

「学生だった頃からずっと、両親に『卒業したら鹿児島に帰ってこい』と言われていたんです。やっぱり、親世代は考え方が全然違うじゃないですか。もし鹿児島に帰るんだったら、せめて本屋さんをやりたいと思ったんです。向こうにいると、本にしても音楽にしても、自分が好きなものを知ってる人が東京に比べると少ないんですね。でも、本屋さんをやってると、面白いお客さんがきてくれる。鹿児島に帰るんだったら、自分でお店をやらない限り、楽しい人生にならなそうな気がしたんです」

大学卒業後、長田さんが最初に就職したのは図書館だった。児童書を担当した長田さんは、地域の小学校をまわり、国語の時間にこどもたちに本を紹介していた。数年で図書館を退職すると、次に選んだのは広告系の会社だった。

「鹿児島でいきなり個人経営の本屋を始めても、それだけで食っていくのは難しいと思ったんです」と長田さん。「でも、本屋で店番をやりつつ、店頭でできる仕事があれば、お金を稼げる。それで広告系の企業に入って、イベントの打ち方とか記事の書き方を学んだんですよね。お店の売り上げは、赤字にならないぐらいを想定して、生活費は別の仕事で稼ぐ。今の生活費も、半分はこの店のアルバイト代で稼いで、あとの半分は他の仕事で稼いでるから、半々ならいけるんじゃないかと思ったんです」

長田さんが「ＢＯＯＫＳ青いカバ」でアルバイトを始めたのは２０１８年５月のこと。面接のとき、長田さんは小国さんに３年で独立するつもりだと伝えた。それからもうすぐ２年が経ち、実家に帰ることも視野に入れつつあるけれど、独立するタイミングはまだ迷っている。

「最近、家族や友達から『結婚しろ』って言われることが増えたんですよ」と長田さん。「結婚することが嫌なわけじゃないんだけど、本屋を始めたあとにこどもが生まれると、お店を閉めなきゃいけなくなる。でも、こどもを産んだあとになると、本屋を始めるきっかけがなくなりそうな気もして――難しいです。いつ始めるのがいいと思いますか？」

その質問に、うまく返すことができなかった。

「不要不急か――不要不急です」。小国さんが独り言のようにつぶやきながら帰ってくる。

「うちの店がですか？」と長田さん。

「そうです」

「じゃあ――明日からどうします？」

この日の午後、「ＢＯＯＫＳ青いカバ」から歩いて１分の距離にある日本医師会館において記者会見がおこなわれ、「緊急事態宣言を発出してもよい状況にあるのではないか」との見解が示された。そして今日の20時には、都知事による緊急記者会見がおこなわれることになった。

気づけば19時過ぎ、外はすっかり暗くなっている。がらりと扉が開き、「古書　往来座」の瀬戸さんと、武藤良子さんがやってくる。

「瀬戸さん、今日は市場に行きました？」と小国さん。

「いや、今日は行かなかったです」

「緊急事態宣言になったら、市場も閉まるんですかね？」

「うーん、どうなんだろう。地方からの出品が受けられなくなると、閉まるかもしれないですよね」

「瀬戸さん、お店ってどうするんですか？」

「開けます、開けます」

「政府から閉めろと言われても？」

「閉めろと言われても、開けると思います。これは別に、意地を張るとかってことじゃなくて、店を閉めると生きてけなくなっちゃうから」

ウィルス、すごいですね。ふたりの会話を聞いていた長田さんがつぶやく。「ねえ。こんなことになるなんて思わなかったね」と小国さんが言う。

瀬戸さんは手土産にビールを3本持ってきてくれていた。ただ、小国さんも長田さんもビールはあまり飲まないというので、ぼくが3本ともらって、お店をあとにする。今日はまっすぐ帰るのではなく、駅の向こう側に足を伸ばす。染井霊園には桜が見事に咲き誇っている。満開の桜に見物客はいなかった。

通行止め

休業中の古書 往来座

5月31日（日曜）

朝刊を手にとると、「市場の古本屋ウララ」の店主・宇田智子さんのインタビューが掲載されていた。「古書 往来座」の瀬戸さんが、宇田さんのことを「社長」と呼んでいたことを思い出す。何がきっかけで「社長」と呼び始めたのかは忘れてしまったけど、瀬戸さんに「社長」の記事が載った朝刊を見せにいこうと、久しぶりに「古書 往来座」を目指す。

店はシャッターが下りていて、「感染防止休業中です。」と書かれた紙が赤いビニールテープで貼られていた。入り口の扉にも同じ貼り紙があり、「準備中」と書かれているけれど、店内には灯りがともっている。中を覗き込んでみると、こちらに気づいた瀬戸さんが扉を開けてくれる。瀬戸さんは髭を剃っているところで、「マスクしてると、髭剃んなくなっちゃうね」と笑う。

瀬戸さんに会うのは、3月30日以来、1ヶ月半ぶりだ。

あの日の段階では、緊急事態宣言も出されていなくて、今ほど強く行動自粛が呼びかけられてはいなかった。でも、4月に入ると新規感染者数が右肩上がりに増えてゆき、街に漂う気配も一日、また一日と移り変わった。その変化を、「古書 往来座」の帳場に立ちながら、瀬戸さんは感じていたという。

「変化って言っても、売り上げが減ったとか、そういうことじゃないんだよね」と瀬戸さんは言う。「たしかに売り上げがあんまり良くない日々が続いてはいたけど、たまに売り上げが爆発する日もあって、それはいつも通りのことではあるんだよ。ただ、不安が募ってはいたかもしれないね。僕がずっと感じてるこの場所の特徴っていうのは、大声で『ぶっ殺すぞ！』って叫びながら明治通りを歩いてる人が多めだし、店の前に鬼ころしのパックがたくさん捨ててあることもあるし、街が抱えてる社会性を考えても怖いなとは思ってた。それで、4月12日ごろかな、タイタイが店番してるときに、マスクをせずにケータイでしゃべりながら入ってきたお客さんがいて、それを他のお客さんが注意したらしいんだよね。それはまあ、今の時代の一シーンではあるなと思ったんだけど、そういう変化はちょっとずつあったかもしれないね」

「古書 往来座」でそんな出来事があったのは、ちょうど東京都が休業を要請する施設を発表した時期だ。都が「基本的に休止を要請する施設」として挙げた業種の中に、「古本屋」が含まれていた。「新刊書店」は社会生活を維持するための生活必需品を扱う店だから休業要請の対象外とされたのに対し、「古本屋」は趣味的要素が強いとの理由で休業要請の対象となったのだ。

「古本屋が休業要請の対象だって聞いたときは、すごく驚いたね」と瀬戸さんは振り返る。

「いや、役所の人がどんどん線引きをしていくときに、よく古本屋って業種が出てきたなと思ったんだよね。昔は古本屋ってあちこちにあったけど、今はもう珍しいものだと思ってるわけ。ブックオフのことは皆知ってるだろうけど、古本屋ってものが存在することを、役所の人がよく知ってたなと驚いたんだよね」

東京都の発表を受け、4月15日の夕方、瀬戸さんのもとに組合（東京都古書籍商業協同組合）からメールが届いた。そこには、休業要請や休業協力依頼の対象となるのはあくまで100平方メートル以上の店舗に限られていること、100平方メートル以下の店舗でも休業に応じる場合は協力金が支給されること、協力金を受け取る条件は「5月6日までの休業要請期間中に20日間以上休業すること」とされており、逆算すれば4月17日から休業すれば支給の対象となることがわかりやすく記されていたという。そのメールを読んだ瀬戸さんは、「明日一日考えてから決めよう」と思って、お酒を飲んだ。そのあいだに事態は大きく動いた。夜になって東京都知事の記者会見がおこなわれ、協力金の支給対象となるのは「少なくとも、明日4月16日（木曜日）から、来月6日（水曜日）までの間、休業などにご協力いただいた方」と発表されたのだ。

「とりあえず明日、店でお客さんの雰囲気を感じながらじっくり決めるぞと思ってたら、先輩（「古書信天翁」の山﨑哲さん）が連絡をくれて、『明日から閉めなきゃ駄目だよ』って教えてくれたんだよね。でも、それはもう12時近い時間で、酔ってるしさ、とにかくあの日は疲れたね。そうやって連絡をもらってからも、すぐに『よし！』とはなんないよね。だって、寝て起きたら16日なんだよもう。決断するにしても、それは自分の内部を通ってきた決定じゃないから、決断できないよね」

日付が変わり、4月16日の午前0時22分、瀬戸さんは「古書 往来座」のアカウントでツイートした。そこには１４０字たっぷり使って、「う――む。」とうなり声が記されていた。

「休業したときの協力金っていうのが、1店舗だと50万円だって言われてたんだけど、その数字がまたジャストな数字だったんだよね。それがね、店開けてるのと同じぐらいの数字だったから。そこで決断するかどうかってことには、店をやっていることに対する思いの積み重ねも影響してたと思う。古本屋をやっていると貯金ができないし、死んでいく一方の商売かもしれないなって、呑気に思ってるわけ。『じゃあ古本屋をやめよう』とは思わないけどね。お店を頑張りたいとは思うけど、店の苦しさというのもあって、『ここで50万もらえたら、ちょっと考え直すきっかけにもなるかな』と思ったり——とにかく疲れてたんだよね」

ツイートを投稿したあとも、瀬戸さんは決断しきれず、明日の営業をどうしようかと悩んでいた。そこに一通のメッセージが届いた。それは「古書 往来座」のお客さんからのメッセージだった。

「そのお客さんはすごく知的で愉快な人で、『名画座手帳』が出ると買いにきてくれるんだよね。『名画座手帳』にはカバーがついてないから、カバーが欲しいお客さんは市販のビニールカバーをつけるんだけど、ページ数が増えるとぴちぴちになるんだよ。それを見て、『バドガールのチューブトップみたいだ』って言って、ここで話して笑ってたんだよね。そのお客さんからメッセージが届いて、開いてみると『瀬戸さん、今年もまたチューブトップの話をしたいです』と書かれてて。それを見て『よし！』と決めたね。いや、その前から休む方向で決まってはいたんだけど、休むにしても納得が行かなかったわけ。でも、そうやってメッセージをもらったことで、強引に営業を続けてここが感染源になったり、ギスギスした空気の中で続けたりするより、お店を休業して、また『名画座手帳』を出すときにチューブトップの話をしようって、そこではっきり決まったね」

そうして「古書 往来座」は4月16日から臨時休業に入った。ただ、休業中も瀬戸さんはいつもと変わらず、12時半ごろには店にきて、作業をしている。店の入り口にも「通販営業中」と貼り紙を出しており、インターネット経由で注文が入った商品を発送している。

「組合からのメールに『ネットなど、非対面営業に対する規制はありません』と書かれてたんだけど、色々基準があるんだよね。たとえばレストランはテイクアウトで営業してもオッケーだけど、古本屋は駄目、とかね。休業要請が出たばっかのころにさ、ビビビさん(下北沢にある「古書ビビビ」店主・馬場幸治さん)が感染拡大防止協力金相談センターに電話して、古本屋が抱えてるいろんな疑問を確認して、それをツイートしてくれたんだよ。『店を閉めて通販だけ営業するのはオッケーだけど、出張買取はたぶんNG』とかね。一生懸命電話して、それを共有してくれたから、すごく助かった。あの時期、感染拡大防止協力金相談センターに電話しても全然繫がらなかったんだけど、ビビビさんが『500回くらい電話すれば繫がりますよ』って書いてたから、よしと思って僕も電話をかけて。レストランみたいにして、お店の外からお客さんに『この本、ある?』と言われて、『はい、どうぞ』ってテイクアウトするのはどうかって確認したんだけど、それは駄目って言われたんだよね」

通販の売り上げを伸ばそうと、店内には「ネット入力 最低10件 目標25件 1日で!!」と貼り紙を出した。でも、作業はまったくはかどらず、貼り紙は「最低1件 目標5件」に下方修正された。でも、その目標にさえ届かず、「ここ2、3日は1冊も登録してないね」と瀬戸さんは笑う。

「うちを取材してくれたときにさ、僕が風を気にかけてるのを見て、『漁師みたいだ』って言ってくれたじゃない？　たしかに、店を開けるのは漁みたいなものなんだよ。今は漁をしてない漁師だから、つまんなくて。これまで意識してなかったけど、普段は番台に本の山があって、『これはあの人が買いそうだ』とか、『あの棚に置いておけば触る人がいるぞ』とか、『すぐには売れないかもしれないけど、隣の本に目が留まるきっかけになるぞ』とか、そういう企みをいつも試みてたんだよ。臨時休業に入っても、良いアイディアを小気味よく出して、ひとりで楽しく仕事するだろうと思ってたんだよね。どんな思い上がりか知らないけど、そう思ってたんだよ。でも、全然駄目。アイディアなんて全然出てこなくて、毎日『つまんねえ』ってただ思ってるだけだね」

臨時休業に入ってから、店にいると疲れるようになったと瀬戸さんはこぼす（反対に言えば、今までは店番していても疲れなかったということだ）。疲れの原因は「正解を求めてしまうから」だと言う。

「売り上げを落とさずに、お客さんの要望に答えるにはどうすればいいんだろうって、臨時休業に入ってからずっと考えてたんだよ。本棚を写真に取って、即効性のある通販を模索して状況に立ち向かってる同業たちがいて、僕もそれをやんなきゃと思うんだけど、どうも駄目なんだよね。何が正解なんだろう、どうしたらいいんだろうって考えるんだけど、ずっと釈然としなくて。だから店の中でラジコンを走らせたり、〝ピストル〟撃ったり、歌ったりして過ごしてる」

つい最近、「古書 往来座」のＴｗｉｔｔｅｒアカウントには、店内に的を設置し、おもちゃのピストルでＢＢ弾を打っている様子が投稿されていた。「最近、店にいるとＴｗｉｔｔｅｒばっか見ちゃうんだよね」と瀬戸さんは照れくさそうに笑う。「つぶやきもして、『いいね』が欲しい！と渇望する。これも臨時休業中の気づきなんだけど、これまではお客さんと会うことで生存確認してたんだよ。棚に並べた本を見て、『こんな本あったんだ！』って言ってもらう——今まではお店でお客さんから『いいね』が欲しかったの。承認欲求だね。今は店にお客さんがいなくなったから、Ｔｗｉｔｔｅｒにお客さんを探しちゃうんだよね」

嘆きたくないと思いながらも、つい「つまんない」という言葉がこぼれ、Ｔｗｉｔｔｅｒばかり見て過ごす日々が続く。そんな中ではたと思い出したのは、「古書 往来座」を創業したのも5月だということだった。

「うちの店は２００４年5月24日にオープンしたんだけど、それに向けて準備をしているあいだ、すごく楽しかったんだよね。もともとクッションフロアだったところに、シンナーをぶちまけて皆で剥がして、棚はここに置こうか、いやそれじゃ狭くなるって相談しながら開店準備をしてたんだけど、あの楽しさを今やっちゃえばいいんだって気づいたんだよ。今までは休業させられてると思ってたけど、これは6月１日への準備だと考えよう、と。それから余計にだらしなくなったの。『だらだらしちゃ駄目だ！』と思って過ごしていて、たぶんそれが辛かったんだけど、だらしなくていいと思った。開店準備中のころはもっとだらだらしてたし、だらだらしないと良いアイディアが出ないと思ってたんだよね。それに気づいてから、ちょっと楽になったよ。それが僕の遠まわりの正解なんだって思えたんだよね」

臨時休業を余儀なくされているのではなく、お店の準備をしている——そう思えてから、ようやく店で過ごす時間が楽しくなったと瀬戸さんは振り返る。もうひとつ、臨時休業中の楽しみはお昼ごはんだ。瀬戸さんは普段、ものの5分で弁当を平らげてしまう。それが今、お弁当を味わいながら食べられるようになったという。

「お客さんがいるとさ、アンテナを張っちゃうから、ゆっくり食べてられなかったんだよ。だけど今は落ち着いて食べてるから、お弁当の味のこと、いつもよりおぼえてるんだよね。13時過ぎに武藤さんがきてくれて、相変わらず『三升屋』のお弁当を食べてるんだけど、今日はサバと、あとは和風ハンバーグみたいのが入ってて——」

ちょうどお店に立ち寄っていた武藤良子さんが、「和風ハンバーグじゃない、メンチ」と割って入る。

「あれ、メンチ入ってたっけ？　とにかく、サバが美味しかった。昨日はね、チキントマト」

「鶏肉じゃなくて、豚肉ね」と再び武藤さん。

「あ、そう。鶏肉じゃなかった？——でも、とにかく美味しかったんだよ。営業中に食べてたら、美味しかったかどうかもおぼえてないもん」

ぼくが「古書 往来座」を訪ねた日、床はブルーシートで覆われ、本棚はビニールで覆われていた。瀬戸さんの中では今、いろんなものを赤く塗るのが流行っていて、店内を赤く塗るつもりだという。6月1日、往来座、前より赤いっすよ——そう考えると「ああ、楽しい」と思えるのだと、瀬戸さんは笑う。休業要請から明けるころ、「古書 往来座」はどれくらい赤くなっているだろう。

ネット入力
最低1件
目標5件
1日で!!

休み中
棚・帳場周り
キレイに!!

古書ビビビ

10月15日（木曜）

北海道では初冠雪が観測されたと、朝のテレビが報じている。関東地方にも冷たい空気が流れ込んで、週末にかけて秋が深まるというので、久しぶりにスプリングコートを引っ張り出して街に出る。夏はあっという間に通り過ぎてしまった。

午前11時、「古書ビビビ」のシャッターはすでに上がっている。開店まで1時間あるけれど、中を覗くと、店主の馬場幸治さんが掃除機をかけているところだ。

「前は開店10分前とかにきてたんですけど、最近は早めにくるようになったんです」と馬場さん。「5、6年前に売り上げがじわじわ落ちてきた時期があって、『このままじゃまずい』と。早く店に着いたからって、どうっていうわけじゃないんですけど、11時までには店にきて、新しく入ってきた本に値付けをしたり、ずっと売れてない本を値下げしたりしてますね。早くきても、何にもしないで雑誌読んでるだけの日もあるんですけど」

普段は片耳にワイヤレスイヤホンをつけ、昨日放送されたラジオ番組をradikoで聴きながら開店作業をすることが多いという。この日聴いていたのは『佐久間宣行のオールナイトニッポン0』。オールナイトニッポンだけでも佐久間宣行、ナインティナイン、三四郎、そしてオードリーと4番組聴いており、わずかな時間を見つけては追われるように聴いている。お客さんがいないときは店内でラジオを聴いて過ごすこともあるという。

「今日はヒマかもしれないです」。外の様子を窺いながら馬場さんが言う。昨日に比べると肌寒く、午後には雨が降る予報も出ていた。「寒い日が続くぶんには大丈夫なんですけど、季節の変わり目、急に寒くなるとお客さんが減りますね」

除菌スプレーとキッチンペーパーを取り出し、扉を拭く。ドアノブだけでなく、扉全体を念入りに拭く。営業中は扉を開けっぱなしにしてあるけれど、お客さんが触れるかもしれないところは念入りに磨いている。ひととおり作業を終えると、11時37分には「もう開けちゃおうかな」とシャッターを上げ、傘立てを出し、音楽をかける。昨日もこのアルバムが流れていたのだろう、世田谷ピンポンズの『H荘の青春』が途中から再生される。最初に聴こえてきたのは「グッドモーニング」だ。

お店を開けると、すぐに最初のお客さんがやってくる。馬場さんは「いらっしゃいませ」と声をかけながら、扉にかかっていた「CLOSED」のプレートを外す。お客さんがやってくるたびに、馬場さんは「いらっしゃいませ」と声をかける。

「たぶん、前の店舗をオープンした時から全員に声かけてます。あえて声をかけない古本屋さんもあると思うんですけど、もう習慣になっちゃって。前の店舗は今より狭くて、ちょっと怪しげな雰囲気だったから、入りにくさもあったと思うんですよ。お客さんと一対一になることも多かったから、『敵じゃないですよ』って、『どうぞごゆっくり』みたいな感じで、声かけるようにしてますね」

開店作業を終えると、通販の発送作業に取りかかる。本の状態が悪くならないように、ぷちぷちでしっかり梱包する。その上からさらに、配達の過程で衝撃が加わっても角が折れないようにと、四つの角にはもう一重にぷちぷちをあてる。「絶版漫画を買い集めてたときに、通販で買った古本がぐちゃぐちゃな状態で届くとむかついてたんですよ。だから、お客さんにそう思われないように、なるべくきれいな状態で届くように発送してますね」と馬場さんが教えてくれる。

ここ半年、通販の注文が増えた。前から通販サイトを作っていたけれど、緊急事態宣言が出されて以降、通販で注文してくれるお客さんが増えたという。

4月13日、東京都は緊急事態宣言に伴う措置として、休業を要請する施設を発表した。古本屋は「基本的に休止を要請する施設」に分類されていた。ただし、休業要請の対象となるのは1000平米を超す古本屋で、1000平米以下の古本屋は「休業への協力を依頼」、100平米以下の施設については「営業を継続する場合にあっては、適切な感染防止対策の徹底を依頼」とされていた。「古書ビビビ」は約70平米で、営業を継続することもできた。

東京都は4月15日の夜に再び会見を開き、休業要請の対象となる施設のうち、要請に応じたものには「感染拡大防止協力金」を支給すると発表した。１００平米以下の古本屋でも、感染拡大防止のため休業した店舗には協力金が支給されるという。

4月に入ってからは客足が落ち込んでいたこともあり、営業継続か臨時休業か、馬場さんは短い時間で判断を迫られることになった。ただ、いつから休業すれば給付の対象となるのかを含めて、不明な点が山のようにあった。翌朝、馬場さんは疑問を解消しようと、感染拡大防止協力金相談センターに電話をかけた。

「何回かけても電話が繋がらなくて、あの日はめちゃくちゃ電話しました」。馬場さんはそう振り返る。3時間近くかけてようやく繋がり、コールセンターの担当者に疑問点を確認した。店舗を閉じていれば、通信販売をおこなっても協力金は支給されること。出張買取をおこなった場合は、お客さんとの接触が生まれることから、協力金が支給されない可能性があること。仕入れた情報を、馬場さんは随時ツイッターで発信した。あのとき、馬場さんがツイートしていた「５００回くらい電話すれば繋がりますよ」という言葉が、とても印象に残っている。

「最初の何日かはツイッターで発信してたんですけど、センターに電話が繋がっても、担当者によって答えが違うこともあって。だから『僕が電話したときはこう言われました』ってことだけ書いて、あとはもう、楽しくしよう、と。たぶん皆も滅入ってるだろうから、『古本屋が何やってんだ』と言われるようなことをやろうと思って、急にくだらない動画を上げ始めたんです」

臨時休業に入ると、馬場さんは「リモートビビビ」と名乗り、通販専門の古本屋として営業を始めた。学生時代に映画制作サークルに所属していたこともあり、4月22日からは営業開始時刻に開店動画をアップするようになった。

「あの時期、政府が急に『リモートワークを活用してください』とか言い出して、その『リモート』って響きが変だなと思ったんです。その言葉を楽しんでやろうと思って、通販専門店を立ち上げましたみたいな感じで、『リモートビビビ』と名乗り始めたんです。あの時期に、漫画の本棚をアップしたら、想像の10倍ぐらいお買い上げいただいて。夏葉社さんの本のジャケット集みたいな動画を作ったときは300回近くリツイートされて、50冊以上売れたんです。それだけで普段の数日ぶんの売り上げになったので、めちゃくちゃ助かりましたね。ツイッターがあってよかったなと思います」

馬場さんは臨時休業期間中も毎日12時にはお店にきて、日が暮れるころまで仕事をしていた。妻の和子さんから「ちゃんと店で仕事してください」と言われて、いつもと同じように店に出勤していたのだ。

「奥さんはもう、僕が怠けるのを知ってるんで、家にいるとずっと本を読んだり、バラエティ番組観たりして過ごすだろうなと思ったんでしょうね。店に行かないと勘が鈍るから、『ちゃんと開店時間には店に行ってください』と。だから、いつもと同じように店にきてたんですけど、やっぱり普段と違うんですよね。普段はお客さんがいつ入ってくるかわからないって緊張感がありますし、お客さんの様子をずっと見てるわけじゃないですけど、感覚の使い方が違うんですよね。臨時休業中だとそういう緊張感はなかったので、疲れたら床に寝そべって、好き勝手やってました」

臨時休業期間中、馬場さんは夕方になると駅前にあるスーパーマーケット「オオゼキ」に毎日通っていた。茶沢通りを越えて、北沢タウンホールを抜け、「オオゼキ」に向かう。その道中に「ほん吉」という古本屋があり、緊急事態宣言の期間中にも営業を続けていた。それを目にするたび、馬場さんはどこか心苦しさをおぼえたという。

「そこを通るたびに、『ほん吉さん、頑張ってるなー』と思って、胸が痛くなったんです。もちろん、営業するか休業するかはそれぞれの判断なんですけど、『ほん吉さん、頑張ってるなー』っていうのがどんどん響いてきて。ただ、まだ営業を再開できるような状況ではないような気もしてて、『東京都の新規感染者が何人以下になったら再開しよう』と奥さんとも話してたんです」

5月6日までの予定だった緊急事態宣言は延長されることになり、東京都からは引き続き休業要請を求める方針が発表された。5月7日以降も休業すれば追加で協力金が給付されるが、6日まで休業すれば第1期の協力金は支給されるという。

営業再開か、休業継続か——悩ましい日が続く。5月7日以降、東京都の新規感染者数は40人以下の日が続いた。「営業を再開します」と大々的に告知して人を招くのには抵抗があったけれど、すぐ近くの「ほん吉」と「古書ビビビ」が2軒とも営業していれば、「ほん吉」が密になりそうなときは「古書ビビビ」に、反対に「古書ビビビ」が密になりそうなときは「ほん吉」にとお客さんを誘導できるだろうと馬場さんは考えた。入り口にアルコール消毒スプレーを設置し、釣り銭用トレイを2個に増やし、帳場にビニールカーテンを設置して、「古書ビビビ」の営業を再開する。

「あのときは、お客さんが入ってきただけでも応援してもらえているような感覚で、すごい嬉しかったのをおぼえてますね。『うちのこと、忘れずにいてくれたんだな』と。ただ、お客さんとあんまりしゃべっちゃいけない空気だったから、心の中で『ありがとうございました』と言ってました。その感覚は、お店を創業したときに初めてお客さんがきてくれたときとも違うんです。お客さんのほうでも、『今、お店に行って大丈夫なのか?』って不安を抱えているであろうなかで、本が好きできてくださる方もいれば、『ビビビは今、困ってるだろうから、応援してあげよう』って気持ちできてくれた方もいたと思うんですよね。あの時期はほんとに嬉しくて——もちろん今でもお客さんがきてくれると嬉しいんですけ

ど――お客さんが光ってるように見えました」

店で仕事をしながら、馬場さんは時折ツイッターを更新する。夕方になって、「古書ビビビ」のアカウントでNHKニュースがリツイートされた。そこには「東京都 新型コロナ 新たに284人感染」と書かれていた。

「なんか、全然どうにもなってないですよね」。そうつぶやく馬場さんに、返す言葉が浮かばなかった。緊急事態宣言が出ているあいだ、一番多かったときでも4月17日の206人で、それを大幅に上回る数字だ。そんな数字にも慣れてしまったのか、街には人が溢れている。ただ、街から人が消えたままだと、お店は立ち行かなくなってしまう。考えれば考えるほど言葉が浮かんでこなくなって、そわそわしながら入り口に向かい、手をもう一度アルコール消毒しておく。

10月16日（金曜）

「古書ビビビ」のツイッターアカウントでは、テレビの話題が頻繁に投稿される。俎上に載る番組はバラエティ番組からドキュメンタリーまでと幅広い。毎晩寝る前に番組表をくまなくチェックして、面白そうな番組は端から予約するのだという。

馬場さんは昔からテレビをよく観ていたわけではなく、中高生のころは漫画と映画ばかり観ていたという。ただ、てれびのスキマさんがいろんな番組についてツイートしているのを観て、「そんなに熱く語れるってことは、面白いのでは？」と気になり、ここ10年でテレビをよく観るようになったそうだ。そして、「店を知ってもらうためにも、店主がどんな人物なのか知ってもらえたら」と、視聴した番組のことを片っ端からツイートしている。

天気予報は雨だったのに、陽が射している。馬場さんは窓を全開にして店をオープンする。冷たい空気が心地よく感じる。店内には今日も『H荘の青春』が流れている。店内の棚は、微妙に並びが変わっている。開店準備中、本を補充しながら棚に触れ、馬場さんは少しずつ並びを変えている。

開店から1時間が経とうとしたあたりで、IKEAの青い袋を抱えたお客さんがやってくる。「いつもありがとうございます」と馬場さんが出迎える。どうやら常連さんのようで、本を買い取ってもらいに来店したようだ。持ち込まれた本を、馬場さんはじっくり査定してゆく。付箋に買取価格を記入しておき、査定が終わると、1冊ずつ「これはいくらで買い取ります」とお客さんに説明している。

「自分で店を始めたときから、1冊ずつ買取価格を説明するようにしてます」と馬場さん。「段ボールで2、3箱ぐらいまでなら、1冊ずつ説明してますね。お客さんにも1冊1冊思い入れがあると思うんで、まとめていくらと漠然と言われるよりも、どれがいくらかわかったほうがいいと思うんですよね。買取価格が安いと思ったら、『もったいないから、やっぱり手元に残しておこう』と持ち帰ってもらっても全然いいですし。値段を説明すると、お客さんのほうでも『ビビビはこういう本を高く買ってくれるんだな』とわかってもらえるから、お互いにいいんじゃないかなと思ってます」

持ち込まれた本の査定をしているあいだ、時折「ピッ」と電子音が響く。本にはISBNという数字が割り振られており、このISBNをスキャナーで読み取っている。

「このスキャナーは2000円ぐらいで売ってるんですけど、パソコンに繋げてISBNを読み取ると、自動的に検索してくれるんです。うちはもう、どんな本でも扱ってるんで、相場が全然わからないような本も入ってくるんですよね。実用書とかでも、それが何年度版かによって全然値段が違うこともあって。あとで『買取価格が安すぎたな』と気づくと大変なんで、ちゃんと確認するようにしてますね」

相場より安く手に入れられたとすれば、儲けものだと考えてしまいそうだ。それを失敗と捉えるのは、お客さんからの買取が「古書ビビビ」の生命線だからだろう。

「古書ビビビ」は、古書組合に加入していない。組合に加入していれば、市場で本を仕入れることができる。お客さんから買い取った本の中から、自分のお店で売れそうな本だけ抜き取って、あとは市場に流すこともできる。組合に加入していないということはお客さんから買い取った本だけで棚が構成されているということだ。

「店を始めた最初の1、2年は、棚が埋まらなくなって、池尻大橋のブックオフまで本を仕入れに行ってたこともありましたね。利益率が悪かったとしても、とりあえず本を揃えないといけないんで、自分で買いに行くしかなかったんです。ここ10年ぐらいはもう、お客さんの買取だけでまわせるようになったから、今はひたすら待つ感じです。組合に入っていると、市場に行って自分が欲しい本を買ってこれるんでしょうけど、うちは買取オンリーなので、お客様頼みなんですよね。『品揃えがいい』って言っていただけることもあるんですけど、それは良いお客様がついてくださっているということなので、余計に嬉しいです」

「古書ビビビ」の棚には、漫画・映画・音楽・芸能・演劇・建築・美術・文学、それに実用書と、実に多様な本が並んでいる。買取だけで棚が構成されているので、ジャンルの比率は馬場さんが調整するのではなく、お客さんが持ち込んだ本に応じて比率が決まる。

「漫画の在庫も、一時期は今の半分ぐらいに減ってたんですけど、2年ぐらい前に大量に入ってきたんで、今はまた増えてますね。映画も、昔はこんなに多くなかったんですけど、お客さんが売りにきてくれて、それを見た別のお客さんが売りにきてくれて、それがよく売れてますね。だから、僕はほとんど間に入ってないんです。僕は管理人みたいなもので、全部お客さんが作ってる感じです。ただ本を磨いて、なるべく安い値段で出すだけです」

14時過ぎ、馬場さんの妻・和子さんが出勤してくる。お客さんの少ない雨の日をのぞき、和子さんも1日数時間は手伝っている。店番を代わってもらって、馬場さんはトートバッグを手に店を出る。向かう先は「オオゼキ」である。

2年くらい前から、馬場さんは毎日のように「オオゼキ」に出かけるようになった。きっかけは和子さんが怪我をしてしまって、買い物に行けなくなったこと。頼まれたものを探しに通っているうちに、馬場さんは「オオゼキ」の魅力に取り憑かれ、今年の5月には『オオゼキZINE』というフリーペーパーまで創刊した。

馬場さんの手には、和子さんから渡された買い物メモがある。そこには「フルーツ」という文字もあった。

「フルーツとしか書かれてないから、ここで何を買うか、センスを問われるな」。そうつぶやきながら、馬場さんは「オオゼキ」の軒先に並ぶフルーツをチェックする。「一時期はここにぶどうばっか並んでたのに、最近はみかんが増えてきたな――そういうのを見るのが面白いんですよ。それで大体季節がわかります」

たしかに、「オオゼキ」の品揃えは豊富だ。りんごだけでも、信濃スイート、早生ふじ、秋映《あきばえ》、トキと何種類も並んでいる。軒先のフルーツコーナーを端まで見ると、ようやく馬場さんは店内に入ってゆく。まずはエスカレーターで2階に上がり、精肉売り場から鮮魚売り場へと端から端まで目を通す。丸鶏の前で立ち止まり、「こういうのも買いたくなるんですけど、たぶん使いこなせないから見てるだけです」と馬場さんが教えてくれる。モモ肉香草焼きの前で立ち止まると、「これ、見たことないな」とつぶやく。

今晩のおかずに、馬場さんは何を選ぶのだろう。その動きに目を光らせながら後ろを歩いていると、「今日はたぶんラーメンを食べて帰るんで、僕の食材は買わない日です」と馬場さんが言う。和子さんから渡されたメモに書かれていたのは、ドリンク、デミグラ、オリーブオイル、栄養バー、そしてフルーツの5品だ。夕飯の食材を買わないのに、どうしてこんなにじっくり売り場を眺めているのだろう？

「自分が買うものだけじゃなくて、いちおう全部見ないと帰れないんです」と馬場さん。デミグラスソースとオリーブオイルだけを買い物カゴに入れて、下りのエスカレーターに向かう。その手前にある商品台の前で立ち止まり、「ここは書店で言うと新刊台で、新商品が並んでるんで絶対見ます」と教えてくれる。エスカレーターで1階に降りて、今度は青果コーナーをじっくり見る。

「このフェンネルは、上の部分は香草として使えて、根っこのところは玉ねぎみたいに食べられて、美味しかったです。500円以下の食材であれば、とりあえず買ってみて、あとでクックパッドで食べ方を調べるんです。このセロリアックっていうのはセロリの根っこみたいなやつで、ずっと気になってるんですけど、さすがに980円だと手が出せなくて。こっちの宿儺かぼちゃは、去年は見なかったんですけど、今季はずっと置いてあるんですよね。こうやってオオゼキに通ってると、野菜には詳しくなるんですけど、そこまで買えてないんです」

「オオゼキ」は、たしかに品揃えが豊富だ。普通のスーパーマーケットであれば、ここまで豊富な品揃えにはならないから、毎日棚を見る楽しみがあるのだろう。

昨日、「1日に15店も回る⁉ 異常にブックオフが好きな男たちのオススメ店舗は？」と題した記事が公開されていた。ブックオフに取り憑かれた人々による座談会だ。この座談会には馬場さんも出席していて、毎週のようにブックオフ幡ヶ谷店に足を運んでいるのだと語っていた。「行かないとソワソワしてきて。今日行ってないなあって思うと、次の日の朝には行ったりして。棚の変化を確認しないと落ち着かない」のだ、と。その感覚は、こうして「オオゼキ」を巡回するときの感覚と近いのだろう。

のどかな場所に暮らしていれば、自然の風景に季節の移ろいを感じることができる。都会の喧騒に囲まれていると、花鳥風月に親しむことはできないけれど、都会の風景にも日々変化がある。変わらないものと、変わってゆくもの。それを確かめられる場所が、馬場さんにとってはブックオフであり、「オオゼキ」なのだろう。

メモに書かれていた「フルーツ」として馬場さんが選んだのは、山形県産の「ラブリ」という品種のすももだ。今季、すでに10種類近くすももを買ってきたけれど、「まだ知らない品種がある」と、馬場さんは嬉しそうだ。「普段見ないものがあると、テンションが上がるので、これでリフレッシュできました」。そう語りながら北沢タウンホールを抜け、

お店に引き返す。

10月17日（土曜）

「今日はたぶん、寂しい一日になると思います」。開店早々、馬場さんはそう切り出す。今日は土曜日だけれども、朝から冷たい雨が降っている。「こういう日は、本をひたすら磨いて、ひたすら値付けしてます」。そう語ると、ベンジンを手に本を磨き出す。

古本屋では、仕入れてきた本が山積みになっている風景をしばしば見かける。でも、「古書ビビビ」では、バックヤードから本が溢れ出しているところを見たことがない気がする。「たまにとんでもない状態になるときもあるんですけど、年に数回くらいですね」と馬場さん。「正直に言うと、本が積み上がってるってことは在庫があるってことだから、そのほうが精神的には安定するんです。バックヤードが整理されてるってことは、出せる弾が少ないってことなんで、若干不安になりますね。『これを整理しちゃうと、新しい本ないな』って」

ひと山磨き終えると、馬場さんの作業の手が止まる。「暇な日のほうが、意外と仕事がはかどんないんですよ」と馬場さん。「お客さんがいっぱいきてくれる日のほうが、色々やりたくなるんです。気分が乗って、値付けもじゃんじゃんやるんですけど。あんまりお客さんがこない日は、ゆっくりだらだらしてるだけです」

今日は前野健太のアルバム『さみしいだけ』が店内に流れている。14時過ぎ、雨の中をグループのお客さんがやってくる。誘い合わせて下北沢に遊びにきたのだろう。「ナイロン100℃の本がたくさん並んでる」。「唐十郎のサイン本がある」。楽しそうに囁き合いながら、棚を眺めている。馬場さんによれば、休日になると何人かでやってくるグループ客が増えるのだという。そんな風景が見られるのは、ここが下北沢だからだろう。

馬場さんは東京都狛江市出身。狛江駅から準急に乗れば、5駅目が下北沢である。ただ、中高生のころは下北沢を訪れる機会は少なかったという。

「狛江から経堂まではなんとなく行けるんですけど、下北は人が溢れてて、若干緊張するんですよね。友達と一緒に行っても、いろんな刺激があり過ぎて緊張する感じで。20代になってからは、たまに古着屋に服を買いにきたり、『ディスクユニオン』にレコード買いにきたり、『ドラマ』に本を売りにきたりしてましたけど、そんなに頻繁にはきてなかったから、自分で店を始めるようになって下北のことが少しずつわかるようになった感じですね」

馬場さんが古本に興味を持つきっかけは漫画だった。すでに絶版になってしまった珍しい漫画を探して古本屋に通うようになり、ひょんなことから調布にある漫画専門の古本屋でアルバイト店長をすることになる。馬場さんは当時大学生だった。

「あのころはただの古本好きで、『バイト店長をやらないか？』と言われたときも、暇だったから『やります』って答えただけだったから、まさかその先もずっとこの仕事をやるとは思ってなかったですね。結局、そこで5年ぐらいバイト店長をやっているうちに、25歳になって。就職活動もしたことがないし、今から何かやろうとしても無理だな、と。そのころから『いつか独立しようかな』と思い始めたんです。当時は実家に住んでたんですけど、父親からも『ちゃんと自分で商売したらどうだ』と言われるようになって。ちゃんと自立して、自分の仕事を持って欲しいと思ってたのかもしれないですね。そのころからテナントを探し始めたんです」

馬場さんが物件を探してまわったのは、下北沢ではなく、神保町や三宿、曙橋だった。そこに暮らしながらお店を始められたらと、普通のマンションも内見していたという。「今考えたら、あんなところでやってたら失敗してただろうなって物件もたくさん見てまわってました」と馬場さんは笑う。そんななかで出会ったのが、鈴なり横丁にある小さな物件だった。こうして２００５年、29歳を迎える年に下北沢で「古書ビビビ」を創業する。お店を続けるうちに、約5坪のスペースでは手狭になり、２００９年秋に数軒先にある現在の場所に移転。下北沢でお店を始めて、今年で15年が経つ。かつては下北沢という街に対して愛憎半ばするものがあったけれど、今は愛が大幅に上回っている——緊急事態宣言が出されていた時期に、馬場さんはそんなツイートを投稿していた。

「その感覚は、ちょっと言葉で説明しづらいんですけど」。言葉を慎重に選びながら馬場さんが言う。「下北沢って、よく『住みたい街』として名前が挙げられるけど、そこまで住みやすい街かなとも思うんです。たしかに魅力ある街だけど、正直騒がしいし、大きい映画館もないし、下北沢にないものもいっぱいあるのになと思ってたんです。でも、15年も店をやっていると、そういうレベルじゃなくなってくるというか。この街にないものだってあるけど、良いところに目を向けていったほうが楽しめるな、と。そのど真ん中に、『オオゼキ』がある。『オオゼキ』がこんなに楽しい場所だったんだと思うだけで、店をやっていく楽しみが倍増したんですよね」

外では冷たい雨が降り続けているけれど、15時過ぎからはお客さんがひっきりなしに来店する。傘立てを眺めていると、今日のように朝から雨が降っている日でも、折り畳み傘で過ごす人が多いのだなと気づかされる。ようやくお客さんが途切れるころには、外はすっかり暗くなっている。東京都の今日の新規感染者数は235人と、あいかわらず高い数字が報じられている。

「リモートビビビ」として、通販専門店のように営業しているあいだ、毎日たくさんの注文があった。実店舗で営業を再開してからも、ツイッターに新入荷の本をアップすると、「購入したい」とダイレクトメッセージで連絡してくれるお客さんがいる。今この時代に、それでも実店舗として営業を続ける一番の理由はどこにあるのだろう？

「うちは正直、店を開けないと買取が入ってこないんで、店舗がないと店がまわんないっていうのが第一にあるんです」。馬場さんはそう話してくれた。「あと、僕の場合、どういう人がどの本を買ったのかを知りたいんですよ。別に買ってくれたお客さんにその場で話しかけるわけでは全然ないんですけど、どういう方が買うのか見たいっていうのが大きいですね。だから、自分が店番してないときに本が売れると、いまだにそわそわします。催事に誘われたことも何度かあるんですよ。でも、古書市に出すほど本の在庫がないっていうのもあるんですけど、自分が知らないところで本が売れていくのが気になっちゃって、それで催事に出せないいんです。顔の見える相手が、どういうものを買ってくれるのかに興味があって。どうしてそんなことに興味があるのか、自分でもわからないんですけど、だからリアル店舗でやりたいって気持ちがありますね」

「古書ビビビ」をあとにして、下北沢を歩く。

一番街に足を向けると、すっかり風景が変わっていた。小田急線が地下化したことで、線路があった場所は「下北線路街」として再開発されている。キッチンカーが並ぶ広場の向こうに、赤いテントが見える。今日から唐組の「さすらいのジェニー」が上演されているようだ。状況劇場の時代に使われていた初代のテントを使って、半野外劇として上演されているらしく、隙間から観客の姿が見えた。公演中止が続いていた演劇も、少しずつ再開されつつある。

岡島書店

11月2日（月曜）

京成立石駅の改札前で、駅員さんたちが脚立を立てて作業をしている。クリスマスの飾り付けをしているところだ。街にクリスマスムードが漂い始めるのが、年々早くなる。ハロウィンが終わると、あっという間にクリスマスだ。

駅から10分ほど歩いたところに、「岡島書店」はある。時刻は9時50分、開店時刻より少し早く、シャッターが上がる。

「すごいボロ屋でしょう」。開店準備をしながら、店主の岡島秀夫さんは笑う。「うちはね、戦前からの棟割長屋なんです。3階建てぐらいに建て替えたらいいんじゃないかと言われたんだけど、俺は高いところが嫌いだから、昔のやつを直しながら店やってるんです。台風がきたら吹っ飛んじゃうんじゃねえかって、よく笑い話で言うんだけどね」

シャッターを上げ、店内に仕舞い込んであった自転車を表に出すと、棚にハタキをかけてゆく。開店準備が整うころにはもう、最初のお客さんが棚を眺めている。コロナの影響で最近はお客さんが減っているけれど、銀行帰りに寄っていくお客さんが多く、今も10時に店を開けるようにしている。

「うちなんか5坪の小さい店だから、消滅寸前だよ。売れる日は適当に売れるけど、売れない日は全然売れないからね。生活するほど稼いではないけど、日銭は入ってくる。『岡島さん、ネットで売ったら？』って言う人もいるんだけど、ネットは大嫌いなんだよね。俺はケータイも持ってないし、キャッシュカードも持たないの。機械から金が出てくるなんて、信用できねえんだよ。だから、金をおろすときはいつも、窓口でおろしてんだよね」

昭和17年生まれの岡島さんは、今年で78歳。父・喜造さんが昭和7年に創業した「岡島書店」の2代目として、半世紀以上に渡って古本屋を営んできた。

「もしもし、岡島です」。11時になると、岡島さんはおもむろに電話をかける。「今日、行くの？　ああ、じゃあ俺も行く。夜は雨だっつうから、あんたが行かないんだったら、行くのやめちゃおうかと思ったんだけどね。どうもどうも、ありがとう」

電話の相手は、市川にある「山本書店」の店主・山本賢三さん。岡島さんの飲み仲間だった古書店主のひとりだ。今日は月曜日だから、東京古書会館では中央市会という古書交換会が開催される。「岡島書店」に並んでいる本の多くは、近所からの買取ではなく、市場から仕入れてきたものだ。

「葛飾区はね、本がないんです。たまに『本を買い取ってくれ』って持ち込みがあるんだけど、ベストセラーみたいなのが多くて、全部断っちゃうの。だから今でも市場まで仕入れに行くんだけど、中央市会は雑本が出るから、週に一度、月曜日に行くんだよね」

11時半になると、店番を妻・雅江さんに任せて、岡島さんは市場に出かけてゆく。「この奥戸街道つうのは、昔はずっと商店街になってたんだよ」。岡島さんが町を案内してくれる。葛飾区の中心はかつて立石で、区役所に裁判所に水道局と立石に集中していたけれど、時代が下るにつれ、私鉄沿線の立石から国鉄の駅がある町に移ってしまったのだという。

「だから、立石ってのは置いてかれちゃった町なんです」。岡島さんはそう語りながら、奥戸街道を左に曲がり、アーケード街に入ってゆく。「ここは昔の闇市で、ほんとの駅前通りなんだけど、今は飲み屋ばっかりだ。この『宇ち多』で飲んで、向こうの立ち食い寿司を食うのが立石の定番だって言われてるらしいんだけど、どっちも俺がこどものころからある店なんだよね。立ち食い寿司のほうは昔、『10円寿司』っつって、よく食ってたんだけどさ、今はもう行列ができちゃって大変だよ」

アーケードの入り口には「立石仲見世」と看板が掲げられている。アーケードを抜けたすぐ先に立石駅があり、その壁際に行列がある。「こうやって皆、開店を待ってるんだよ」と岡島さんが教えてくれる。平日の午前中だというのに、もう行列ができている。

京成線の黄色い電車に揺られながら、荒川を越える。この時間帯の上り電車はがらが

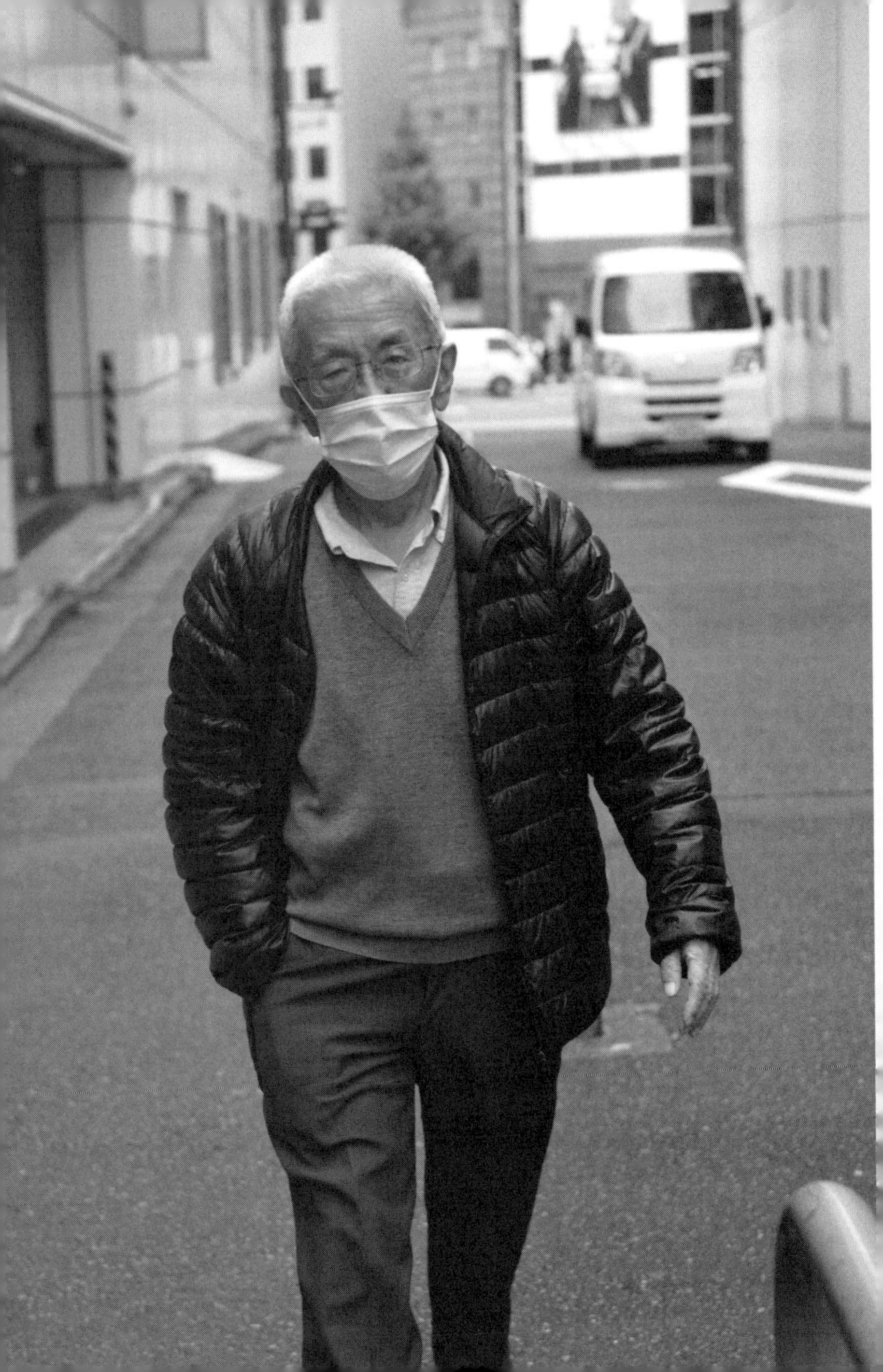

らだ。押上で都営浅草線に乗り換えて、東日本橋駅から馬喰横山駅まで地下通路を歩き、都営新宿線のホームを目指す。「この年になると、階段を降りるのがおっかなくなってきちゃってね」。岡島さんは手すりにつかまりながら、ゆっくり階段を降りる。岡島さんは２０１９年の5月に膀胱癌と肝臓癌の手術のために入院し、体重が10キロ近く落ちた。

「昨日は寝るのが遅くなったもんだから、やっぱりいつもよりふらつくよ」と岡島さんが言う。「飯食って風呂入ったあとに、大阪のアレを観ちゃったんだよ。都構想の住民投票がどうなったのか、結果が出るまでテレビを観ながら待ってたら、23時半ごろになっちゃったんだよね」

小川町駅で電車を降りて、東京古書会館に辿り着くころには12時半になっている。3階に上がると、岡島さんはさっそく本の山に目を通してゆく。リズムを刻むように、カチカチカチ、とボールペンの音が響く。

「まだ生きてらっしゃったんですか」。軽口を叩くように、「丸三文庫」の藤原健功さんが挨拶する。「もう駄目だよ。死ぬ寸前」と、岡島さんは笑いながら答える。知り合いの古本屋とすれ違うたび、岡島さんは「おう」と短く声をかけてゆく。

「おう。体はどうだ？」

「ああ、岡島さん。とりあえず悪いとこは治したから、今は経過観察です」

「じゃ、あとは頭だけだ？」

そんなふうに冗談を交わしながら、3階の本に目を通すと、今度は4階に上がる。岡島さんの言っていた通り、中央市会には雑多な古本が並んでいる。小説やエッセイもあれば、評論や箱入りの学術書もあり、漫画、実用、趣味、それに成人図書まで幅広い。本に限らず、切符やこけし、DVDやゲームソフトまである。それを物色する店主たちも、若い世代からシニアまで幅広い。

「お元気ですか」

「おう。まだ判決がおりねえんだ」

「でも、悪くなってるわけじゃないんでしょう?」

「自分では悪くなってる意識はねえんだけどよ」

じっくり1時間かけて入札を終えたところで、館内放送が流れる。「岡島書店さん、岡島書店さん。1階受付までお越しください」。アナウンスにせかされるように1階に降りると、岡島さんと古くから顔なじみの店主たちが待っていた。入札の結果が出るまでのあいだ、いつも皆でお昼を食べに行くのだという。岡島さんがなかなか降りてこないからと、しびれを切らして館内放送で呼び出したのだ。

小岩にある「高橋書店」の高橋尚《ひさし》さん。神保町「英山堂書店」の西山英二さん。「文雅堂書店」の高橋俊行さん。それに、朝電話をかけていた本八幡「山本書店」の山本さんと一緒に、中華料理「太一」に向かう。

「ずいぶん元気じゃない」

「医者が不思議だっつうんだ。この数字で元気なのはおかしいってよお」

「案外寿命まで持つかもよ。うまいもんでも食ってさ、頑張ったほうがいいよ」

「うまいもん食うのも駄目なんだよ。よし、俺はワンタンメンにしよう」

岡島さんが今でも市場に足を運んでいるのは、仕入れのためではあるけれど、こうして仲間に会えるのが楽しみなのだろう。

「西山んちは、俺んちより古いんだっけ？」ワンタンメンを啜りながら、岡島さんが問いかける。

「うちはいちおう、昭和5年創業ってことになってんだよね」。西山さんも、岡島さんと同じく2代目だ。ふたりの父親同士も交流があり、西山さんのお父さんはよく「岡島書店」に遊びにきていたのだという。「西山んちの親父は大酒飲みで、最後は肝硬変だったけど、背中叩きながら酒飲んでたもんな」と岡島さんが振り返る。

「俺の記憶に残ってるのは、うちの2階に煙草の葉っぱが干してあったんだよ。西山んちの親父と俺んちの親父が、千葉かどこかまで煙草の葉っぱを買いに行って、うちは南だから、そこで葉っぱを干してたんだよね」

「煙草の葉っぱを自分で巻いて吸ってたんだよな」

「映画なんかでも、俳優が煙草を吸うシーンがひとつのショットになってたからね」

「西部劇なんか観てると、靴底にマッチを擦って火をつけてなかった？」

「こういうテーブルみたいなとこで火をつけてることもあったよな。あのころのマッチはどこで擦っても火がついたのかね？」

食事を終えると長居はせず、パッと店を出る。近くの喫茶店「茶居夢」に流れ、ホットコーヒーを注文する。テーブルには2種類の砂糖が用意されている。岡島さんは白くてサラサラした砂糖を溶かしながら、「山本はこっちだったな」とカラメル色の砂糖が入ったシュガーポットを差し出す。

「俺の友達に、親父が満州のやつがいるんだ」。コーヒーを啜りながら、岡島さんが切りだす。「満州で生まれて、戦後になって日本に帰ってきたやつなんだけど、そいつに船戸与一の『満州国演義』を揃いであげたら、『親父の言ってた話がやっとわかった』って言うんだ。これまで親父が満人だなんだと言ってたのがサッパリわかんなかったけど、それがわかった、って」

「僕もあれを読んで、終戦までの歴史の雰囲気がわかったという感じがしたな」と山本さん。

「あんなに長いのは、もう読む気力がないんだけどよ。それから、近現代史で言うと、加藤陽子は面白かった。今度はじかれたやつ。加藤陽子が書いた近現代史の本はかなり読んだな」

こんなふうに、読んだ本の話は語られるのだけれど、市場に出品されていた本の話は一切出てこなかった。

「俺はね、酒飲んだり飯食ったりするときに商売の話をするやつが嫌いなんだよ」。岡島さんが笑う。「若いときから組合の役員やってっから、知り合いはいっぱいいるんだけど、商売の付き合いになっちゃうのが嫌なんだ。だから、こうやってつまんねえ話をしてるぶんには楽しいんだけど、『あれでいくら儲かった』みたいな話をするのは嫌なんだよね」

20分ほどで喫茶店をあとにして、古書会館に戻ると、入札の結果が出ていた。どれが落札できたのかを確認して回りながら、「うわ、これも落っこっちゃった」と岡島さんがため息をつく。こんなに落ちちゃうと、文庫だけでうちの中が一杯になっちゃうな。そうつぶやきながら別のフロアに移動し、本の山に目を通してゆく。本は1冊ずつではなく、ビニール紐で縛った束で出品されている。そこに封筒がくっつけてあり、入札する場合は値段を書いてそこに入れておく。封筒が膨らんでいるということは入札者が多いということであり、薄い封筒はライバルが少ないということになる。封筒の膨らみもチェックしながら、岡島さんは何口か入札して、8階の休憩室に上がる。ここでもまた「山本書店」さん、「高橋書店」さん、「文雅堂」さんと顔を合わせる。

「展覧会は今、どこも危機ですよね」。誰かがそう口火を切る。古書会館で開催される古本の展覧会をはじめとして、各地で開催される古本市はコロナ禍の影響で中止が相次いだ。「西部（高円寺にある西部古書会館）はお客さんが戻ってきてるっていうけどね。あそこは1階が会場になってて、風通しがいいじゃない。ここは地下が会場だから、お客さんも不安だよね」

「前みたいに朝一番にくる人は少なくなって、午後の空いてる時間にくる人が増えたって」

「こないだの城南展のときは、入り口でお客さんの体温測ったらしいよ。体温測って、消毒やって、住所を書いてもらう」

休憩室で話しているうちに日が傾き、三省堂のネオン管にあかりが灯る。4階に戻ってみると、すっかり開札は終わっていた。すでに落札者によって持ち帰られた本も多く、フロアはがらんとしている。床にはクシャッと丸められた紙があちこちに転がっている。入札するときに金額を書き込む紙だ。札に金額を書くときに逡巡して、書き損じた紙が散らばっているのだろうか。そうだとしたら、競馬場の雰囲気にもどこか通じている。

岡島さんは、「古書 英二」を営む次男の英二さんに手伝ってもらいながら、落札した本をカーゴに載せて運び、車に積んでゆく。作業を終えて古書会館を出発するころには、とっぷり日が暮れていた。車内にはジョン・コルトレーンの「TRANEING IN」が流れている。蔵前橋通りから三ツ目通りを経由し、山本さんが運転する車は荒川を越えてゆく。

「この四つ木橋は、昭和27年にできたんだよ」。車窓の風景を眺めながら岡島さんが言う。

「小学校のときに、友達と4人で遊びに行って、アーチの上を歩いて橋の反対側まで行ってみたんだよ。今だったらお巡りが飛んできて大変だろうけど、あの当時はうるさくなかったから。一緒に行ったなかに佐々木ってやつがいて、手をつかずに向こう岸まで歩いていくのを見て、こいつはすごいやつだなと尊敬したんだよな」

川を越えて、本田広小路から平和橋通りに入ると、渋滞に巻き込まれた。この先には京成押上線の踏切がある。時刻は18時だというのに、踏切を通過していく電車は人影がまばらだ。

「この道路ができたのも俺が小学校のときで、こんな広い道路を作ったことにびっくりしてたけど、今考えてみると片道一車線しかない道路なんだよな。戦後すぐのころは車なんてほとんど通らなかったから、ここでこどもが三角ベースやってたんだよ。このあたりは昭和22年のキャサリン台風のときに水が出て、俺んちは1メートル50センチまで水が浸かっちゃってね。俺は5歳だったんだけど、進駐軍のモーターボートが大通りを走ってたのをおぼえてる。そのボートから救援物資を投げ込んでくれたんだけど、そこに入ってた食パンが真っ白で、びっくりしたんだよ。アメリカ人ってのはすごいもん食ってるなと思ってよお」

岡島さんがそう振り返るのは73年前の出来事だ。話を聞いていると、たった73年の間に風景はまるで変わってしまったのだと感じる。

「岡島書店」に到着すると、「山本書店」の山本さんや、同乗していた「高橋書店」の高橋さんと一緒に荷物を下ろしてゆく。ここまで車で走ってくるあいだに岡島さんが言っていたことを思い出す。

「酉の市の熊手みたいに、値引きしても定価を払っていく風習があったらいいのにね」

「今の若い連中は、祝儀を払わずに帰っちゃうのが一杯いるんだってな」

「ほんとに負けてもらったと思うんだろね」

「割り引いてもらったぶんを客が祝儀として払うから手を叩くのに、そのまま帰っちゃうらしいんだよ」

そういえば今日は一の酉が開催されている日だ。ここから浅草までは電車で一本なので、せっかくだから浅草の鷲神社に出かけてみる。「今年は事前に申し込んだ人しか入場できません」とホームページには書かれていたけれど、入り口で住所や氏名を書けば入場することができた。ずらりと並ぶ熊手を眺めて歩きながら、自分で買うとしたらどのデザインがいいだろうかと考える。初めて酉の市に出かけたころは、どの熊手も同じに見えていたけれど、鷲神社に並ぶ熊手は店ごとに個性がある。手締めの声と手拍子が聴こえてくる。ぼくは自分で熊手を買ったことがなく、「ご祝儀」の習慣のことも今日まで知らなかった。

神社の外には今年も屋台が並んでいる。緑と黒の市松模様をあしらった屋台をいくつか見かけた。何事もなかったかのように賑わう参道の様子を眺めていると、1年前にタイムスリップしたかのような心地がする。

11月3日（火曜・祝日）

仕入れてきた本の山で、通路は半分埋め尽くされている。岡島さんは文庫の束を帳場に運びながら、「狭くてごめんなさいね」とお客さんに声をかける。

「入札した文庫がどれも落っこっちゃったけど、こんなに要らないんだよ」。文庫を仕分けながら岡島さんがこぼす。「入札が難しいのは、落ちないときは全然落ちないのに、落ちるときはババババッと落ちちゃう。そうすると、うちみたいに小さい本屋は置き場所に困っちゃうんだよな。昔の市場は〝振り市〟で、1本ずつ振ってたから、そのとき必要なぶんだけ落とせたわけ」

〝振り市〟というのは、いわゆるセリだ。〝振り手〟と呼ばれる進行役がいて、セリを進めてゆく。その日に出品される本の山から、〝荷出し〟が順番に本を選んで〝振り手〟に渡し、セリにかける。ここでも基本的に、よほど貴重な本でなければ、1冊ずつではなく、何冊もの本を紐で縛り、セリにかけられる。そこに「×××円！」と買い手から声が上がる。最初の第一声を〝はな声〟と呼ぶ。この〝はな声〟を出すのは本の価値を熟知していないと難しく、「あんまり低い値段を言っても、それからあんまり高い値段を言っても馬鹿にされてたんだよな」と岡島さんは振り返る。

「俺は昭和38年に二十歳で古本屋になったんだけど、その翌年に組合の経営員にならないかって言われて、しばらく事務をやってたんだよ。そのうちに『振りをやってみろ』つう話になって。東部でも振り手をやったし、神田でもやってたの。振り市ってのは、昔はものすごい勢いでまわってたから、決まったとこへ座ってもらわないと困るわけよ。『こっちからの声は誰々さんだ』というふうに、感覚でおぼえてるからね。座るとこが皆決まってたから、その人がこないからってチンピラが座っちゃうと引っ叩かれてたよ。昔は『あの人の上には声をのっけづらい』なんてこともあったし、若いのはなかなか声出せなかったんだよね」

振り市は午前中から日が暮れるまで開催されていた。それだけ出品される本の点数が多く、振り手にはそれを迅速に捌く技量が求められる。素人からすると、高い値段で落札させるのがよい振り手のように思えるけれど、気をつけなければならないのが〝出直り〟だ。せり落とした本に難があった場合、1回に限り、本の山に戻すことができるのだという。あまりにも値段を吊り上げてしまうと、落札したあとで出直りになる可能性も高くなるので、ある程度の値段に達したところで落札とするのがよい振り手とされたのだと、岡島さんは教えてくれた。

「良い本ってのはね、素人が振ってても声が出るからいいんです。困るのは、その反対の本が出たときなんだよ。とにかく向こう岸へやっちゃわなきゃなんないから、誰かに押しつけちゃったりね（笑）。たとえばゾッキ屋――出版社で売れ残って、処分されたゾッキ本を専門に扱う店がいくつもあったんです――も市場に本を持ってきてたんだけど、そうすると同じ本が10冊や20冊まとめて出品されるわけ。そういうときはね、俺がパラパラッとめくって、『あ、この本面白いから俺が買った』って言うと、皆も買っていく。そうやって振り市をまわしていく技術みたいなのがあったわけ。声の出しかたや間のとりかたもあるし、あいだにうまく話を入れてダレさせないのも振り手の役目だったんだよね」

昔の市場を振り返りながら、岡島さんは仕入れてきたばかりの本を仕分けてゆく。本を縛っていたビニール紐をほどき、いくつかの山に分ける。自分の店で売れそうな本だけ残すと、あとはビニール紐でくくり直し、軒先に運び出す。仕入れてきた本の何割かは処分することになってしまうのだという。昔は処分する本も紙資源としてお金になっていたけれど、今では有料で引き取ってもらうほかなくなってしまった。

「昔はチリ紙交換が儲けになる時代があったんですよ。回収してまわったゴタ（雑誌）がキロ40円、新聞が50円くらいにはなってたから、1トン積むと5、6万になったんだよね。チリ紙交換から古本屋になったやつもいるし、タテバに入り込んで商売やってたやつもいっぱいいいた。タテバってのは古紙を処分するとこだから、そこでたまにすごい本が出てくることがあって、俺が知ってる話だと、宮沢賢治の『春と修羅』の初版本を見つけたやつがいたんだよ。タテバから仕入れてくるんだから、50円か100円で仕入れた本が、あの当時で80万になった。俺はタテバには行かなかったけど、鶯谷のキャバレーなんかに行くと、下町の古本屋が10人ぐらいと、チリ紙交換が10人ぐらいで一緒に飲んでたよ。今じゃ考えらんないけど、古本屋ってのは荒っぽい商売だったんだよな」

タテバに入り込んで商売している人たちは、そこで安く仕入れた本が何倍もの値段になると、「こないだのアレ、儲かったからいくらか返すよ」といくらか渡すこともあれば、お中元やお歳暮を送り合うこともあったのだという。そのころはまだ、今とは時代が違っていたのだろう。

「あのころはね、どっかで修業して古本屋になるんじゃなくて、自分で勝手に始めるやつも多かったんだよね。ちょっと気の利いたやつはタテバをまわってね、そこで珍しいのを探してくりゃ3日ぐらい飲めたから。だから俺も、そういうふうに荒っぽく育っちゃってんだよ。昔は〝せどり屋〟つうのもいっぱいいて、俺も先輩に連れられて車で出かけたことがあってね。当時はネットがないから、地方の古本屋に行くと貴重な本が安く売られてたりしてたんだよね。そういう本を1日かけて仕入れてきて、東京に戻って帰ってきて酒飲んで、その会計を差っ引いても分け前が1万とか2万とかついてたんだから。そういう意味じゃ、昔の古本屋は皆、本に対する知識はあったよね。『この本はいくらになる』という知識がなけりゃ、そんなことできねえんだからよ」

12時を過ぎたあたりで、妻・雅江さんが店にやってくる。帳場の奥の部屋は台所になっていて、そこでうどんを作り、ふたりで平らげる。

「親父とお袋がやってたころは、立膝ついて飯食ってたっていうんだよね。いつお客さんがくるかわかんないから、すぐ立てるようにって。そんなに高い本は扱ってなかったはずだから、でかい商売じゃなかったけど、数が売れたから、日銭には困んない商売だった。料理してる暇がねえから、店屋物ばっかとってたうちだよね。ここらへんには蕎麦屋でも中華でも何でもあって、どこも出前やってたんだよな。今はもう、全部閉めちゃったけどね」

岡島さんの父・喜造さんがこの地で古本屋を開業したのは昭和7年のこと。満州国が建国され、五・一五事件が起きたのもこの年で、当初は「岡島書店」ではなく、「日の丸堂」と看板に掲げていた。そのころ立石は、町工場が建ち並ぶ職工の町だった。

「関東大震災のとき、荒川のこっち岸は燃えなかったんです。それまで町工場は墨田区に多かったんだけど、震災のあとにこっちへ移ってきたわけ。だから、葛飾の人口つうのは震災後にちょっと増えて、戦争のあとにものすごく増えたのよ。お袋の話でおぼえてんのは、空襲のあった日の夜に、この奥戸街道を歩いて逃げていく人が大勢いたらしいんだよね。最初に通りかかった人から『水をください』と頼まれて、その人には水を飲ませてあげたらしいんだけど、そのうちにものすごい数の人が逃げてきた。全員にあげてたらキリがないっていうんで、ガラスに幕を貼って――ほら、あのころはシャッターなんてなかっ

たから——音を出さないように黙って過ごしてたって言うんだよね。お袋から聞いた話の中でも、あの話は強烈に記憶に残ってるな」

戦後の立石には、メッキやゴム、セルロイドなどを扱う町工場が急激に増えてゆく。それにともなって工場で働く人の数が増え、商店街も賑わった。戦後に屋号を改めた「岡島書店」にも、町工場の工員さんたちがよく立ち寄ったという。

「あの当時はまだ、娯楽っていうと映画と本しかなかったから、よく売れてましたよ。俺が小さいころは、立石だけで古本屋が5軒あったんだから。新刊屋になるのが夢だけど、仕入れをするための委託金が払えなくて、古本屋で稼いでから新刊屋になったのも何人もいたんだよね」

ほら、あのころは本に飢えてた時代だから。岡島さんはそう言って、ある冊子を引っ張り出してくれた。青木書店が発行していた『古本屋——その生活・趣味・研究——』(創刊号)。そこには石尾光之祐さんによる「日の丸堂・その他」と題した随筆が掲載されている。石尾さんは、両親が新聞販売所を始めることになり、小学4年生のとき立石(当時は南葛飾郡本田村)に移り住んだ。その翌年に創業した「日の丸堂」に、石尾少年は通いだす。

私は「ヨロク」とこづかいの殆んどを、「日の丸堂」の右側の平台にあった豆講談本にいれあげた。講談本を濫読したと云っていい。よりぬいて一冊を買うと、ついでに立ち読みで他の一冊の半分ぐらい読む。持って帰った一冊は階段の「私の場所」で、たちまち読み上げる。夕方配達が終ると、その一冊を持って「日の丸堂」にかけつける。そして——それを繰り返す。夫婦は私が近所の「新聞屋の子」とわかったらしく、重い口で話しかけるようになった。

私がただ読みしていても黙認してくれた。おばさんは平台を整理すると、ゆるゆると帖場に戻って泰然としている。あまりハタキもかけない。おじさんは店番のときはいつも、本のつくろいをしている。


「うちの父親はほんとに優しい親父で、金がない学生がタダ読みしてると、『立ち読みは駄目だから』って声をかけて、2階に上がらせて本を読ませてたらしいんだよね」。岡島さんはそう語る。石尾少年が近所の「新聞屋の子」だからと特別扱いされたわけではなく、本が貴重品だった時代に、こどもたちに本を読ませてあげたかったのだろう。石尾さんの随筆にある「本のつくろい」とは、本の修繕作業だ。

「本もなければお金もなかったから、親父はよくぼろぼろの本を直して売ってたね。本を直すのが好きな親父だった。それでこどもが育ったんだから、すごい商売だったんだね。俺は記憶にないんだけど、親父は縁日で古本を売ってたらしいんだよな。親父が縁日で商売してるってのが、どこか恥ずかしかったのかもわかんないね。縁日で売るときは、『改造』や『中央公論』にエロっぽい雑誌の表紙をくっつけて売ってたらしいんだよ。それに対して文句を言ってくる客はいなかったっていうから、字が載ってりゃ何でもいいって時代だったんだろうね」

仕入れてきた本の仕分けがひと段落すると、次は本の値付けだ。鉛筆を手にとると、岡島さんは本の最終ページにするすると値段を書いてゆく。そんなにパッと値段が決まるんですねと声をかけると、「だってもう、いくらなら売れそうかって、大体わかるだろ」と岡島さんは笑う。岡島さんがやってきた商売を考えると、1冊ごとに手を止めて「この本はいくらにしよう?」と悩んでいては追いつかなかったのだろう。

「岡島書店」は、東京古書組合の東部支部に加盟している。東京古書組合は、いくつかの支部に分かれており、東部支部には台東区・荒川区・足立区・墨田区・江東区・葛飾区・江戸川区の古本屋が所属している。東部支部の分岐点となったのが、昭和44年に開催された浅草古本市だった。

「浅草古本市つうのは、浅草の観音様の境内にテントを張って、そこで古本市をやったんだよ。ひとりあたり畳一枚ぶんの広さで、あのころは外売り用の棚なんてねえから、箱に古本を並べてよお。それがもう、とんでもない勢いで売れた。それまで東部は古本市をやってこなかったから、皆びっくりしたんだ。急いでうちに帰って、値付けをして補充して——あんまり売れるから、売る本が追いつかないぐらい大変だったね」

浅草古本市の成功から3年後、東部支部は昭和47年に「新宿京王デパート屋上青空展」を始めている。当時、新宿の別の百貨店でも古本市が開催されており、「京王百貨店でも開催してもらえないか」と打診があった。しかし、デパートで古本市を開催するには相当な量の本が必要となるため、新宿支部では引き受けられず、東部支部に話が回ってきたのだ。

「あのころは俺なんかまだ使い走りだから、東部支部主催で京王デパートの古本市をやるってときに、人集めや場所割りから、ノルマや運送の交渉まで手伝わされていたんだよ。まだ車を持ってない人のほうが多かったから、京王の運送に荷物は運んでもらうことにして。デパートでやるとなれば、本が1トンは必要になるからね。デパート展を抱えてるのは大変だから、何年か経ったところで東部支部から手放すことになるんだけど、何年間かは俺が親分でやった時代があるんだよね」

京王百貨店での古本市は、形を変えて2013年まで続いた。

デパートで開催される古本市というのは、京王百貨店以外では今も続いている。だからその風景には見覚えがある。岡島さんによると、デパートに限らず、スーパーマーケットでも古本市を開催していたという。スーパーに古本が並んでいる風景は、ぼくにはまったく見覚えのないものだ。

「スーパーで古本市をやり始めたのは、昭和50年代に入ったころじゃないかと思うんだよな。スーパーで古本が売れるかどうかなんてわかんないまま、平台に本を並べていったわけ。とりあえず児童本を中心に売ろうと思って、4台ある平台のうち、1台は児童書にしたんだけど、やっとこさ本を並べ終わってみると、もう児童本は3分の2くらい売れちゃってた。今思うと嘘みたいな話なんだけど、あのころはまだ郊外に古本屋が少なかったから、本が定価より安く買えるのが珍しかったんだろうな。児童本も売れたし、料理の本だとか、雑本が猛烈に売れた。八幡の西友を皮切りに、月のうち2週間はスーパーで古本市をやって、千葉の西友はほとんどまわったね。だから、店はカミさんに任せて、俺はほとんど外売りに出てたんだよ」

岡島さんは、自分の商売は「郊外の古本屋」だと語る。そこにはきっと、自分は外売りで稼いできたんだという誇りがあるのだろう。それともうひとつ、稀覯書ではなく雑本を扱ってきた自負もあるのだと思う。

「小さいころは『お前んちは古本屋だろ』って言われるのが嫌だったこともあったんだよね。正式には『古書籍商』になるんだけど、途中から『古本屋』のほうがいいなと思うようになってよ。俺んちなんか、古書籍商なんて名乗るほど洒落てないし、高いもん扱ってるわけじゃないし。古書組合の支部でも、南部なんかは世田谷を抱えてるから、古くからのお屋敷もあって本が出てくる土地なんだ。こっちは町工場ばっかだから、本は出てこないし、扱う本も雑本が中心になったんだよね」

気づけば日が傾き始めている。岡島さんは姿勢をひねって腕を伸ばし、表にあかりを灯す。

今日はほとんどお客さんが訪ねてくることはなかった。最近は休日の来客が少なく、特に旗日は駄目だと岡島さんは笑う。「でも、いいんだ。昨日仕入れてきた本を片づけなきゃなんなかったんだから、ちょうどよかったんだよ」と。

今では町工場も減り、立石だけで5軒あった古本屋は「岡島書店」を残すのみだ。1990年に相模原で創業したブックオフが、急速に店舗を拡大するにつれ、郊外でも古本が珍しい存在ではなくなり、スーパーマーケットでの古本市も姿を消した。数年前に岡島さんは外売りをやめて、昨日のように市場に出かける日をのぞけば、ここでずっと店番をして過ごすようになった。これまで外売りで飛び回っていたところから、帳場に座り続ける生活への変化というのは、すぐに慣れたのだろうか？

「それは全然、苦にはなんなかったな。体もキツくなってきたし、病気してからは飲みにも行かなくなったからね。だから、ちょうどよかったんだ。もし元気だったらつらかったかもしんないけど、やっぱり外売りはキツいからね。ただ、どうしても前より運動不足になるから、夜に飯食ったあと、カミさんと30分くらい歩くようにしてる。あとはもう、テレビを眺めてボーッとしたり、新聞を隅から隅まで読んでたら2時間ぐらいあっという間に経っちゃうからね」

この日はスーパーチューズデー。アメリカで大統領選挙がおこなわれる日だ。日が暮れたころになって、本の整理を終えて、岡島さんはようやく新聞に目を通す。「しかし、アメリカもすっかりおかしくなっちゃったな。トランプは『負けたら訴える』って言うんだから、わけわかんねえ話だよな」

ニューヨークと東京の時差は14時間だから、向こうは今、夜明け前だ。明日、世界はどんなふうに変わってしまうのだろう。

11月4日（水曜）

今日は立石に向かう前に、上野に立ち寄る。一昨日から、寄席の隣で「上野広小路亭古本まつり」が開催されているのだ。入り口で消毒を済ませて、会場内に入ってみると、お昼時とあってスーツ姿の人たちで賑わっている。「立石書店」と「古書 英二」の値札のついた本と一緒に、「岡島書店」の本も並んでいる。

「ほんとはね、自分で行けばもっと売れる自信はあるんだけどね」。「上野広小路亭古本まつり」を覗いてきたことを伝えると、岡島さんは残念そうに言った。「外売りってね、何が売れるかを見てないと駄目なんだよね。場所によっても違うし、その日によっても違うから、自分で様子を見ながら並べなきゃ駄目なんだ」

帳場の横にあるテレビは、国会中継にチャンネルが合っている。「加藤陽子さんについて、ちょっと、私は、女性の政治学者として、ほんとに尊敬してる方なんです。それで、この、本なんかもね、『それでも、日本人は「戦争」を選んだ』って、ものすごく売れてますよ。なぜこの人が外されたのかって、すごいショックだったんです」。画面は見えないけれど、立憲民主党の辻元清美が質問を投げかける声が聴こえてくる。

「この年になると我が儘になってきてよ、つらい話を読む気力つうの、それがなくなってきたんだよな」。テレビを眺めながら岡島さんが言う。「考えてみると、本を一番読んだのはお袋に店番させられてたときだな。高校生のころなんかは、棚に並んでるのはてめえの商品じゃねえと思ってるから、かっぱらわれようが関係ないわけ。お客さんが何人いようが、延々と本が読めたのよ。好きだったのは吉村昭と山田風太郎、それから山本周五郎もほとんど読んだ。でも、てめえで商売するようになると、危なっかしくて店では本が読めなくなっちゃった」

小さいころから店の仕事を手伝うことは多かったけれど、岡島さんは店を継ぐつもりはなく、親から「継げ」と言われることもなかった。小学校へ上がるころには、父・喜造さんは結核を患い、それ以降は母・清子さんが店を切り盛りしていた。高校を卒業すると、岡島さんは船会社に就職し、中東と水島コンビナートを往復する石油タンカーに乗船していたという。

「別に船に乗りたくて船会社に入ったわけじゃなくて、飯が食えて酒が飲めりゃ何でもよかったんだよね。だから、勤めも一生懸命じゃなくて、結局2年で辞めて、それから古本屋になったわけ。『どうにもならなくなったら、逃げ道がある』と思ってたのかもしれないね。せがれたちが古本屋になったのも、そこじゃねえかなと思ってんの。やっぱり俺は、古本屋を商売だと思ってなくて、単なる生業だと思ってたんだよな。八百屋や魚屋でもよかったんだけど、こどものときから本は嫌いじゃなかったし、面白かったと言えば面白かったね」

市場で仕入れてきたものを店で売る——それは八百屋や魚屋、肉屋と共通するところだ。でも、古本屋は在庫を抱えていても腐ることはなく、価値が増していくこともある。でも、「在庫を抱えんのが嫌」なのだと、岡島さんは言う。

「こっちは『本つうのは売るもんだ』と思ってるから、価値が上がるまで寝かせておくって発想がなかったんだよね。俺自身、消えるものが好きだから、服やなんかには全然金を使わずに、飯と酒に全部金を使った。せがれどもにも、物を買ってやるって発想がなかったんだよ。ただ、小学生のころから寿司屋に連れてって飯食わせてたんだよね。食うもんだけは贅沢させてたから、それで『古本屋になれば遊んで過ごせる』と思ったのかもしれないね」

岡島さんが結婚したのは27歳の秋だ。縁をつないだのは、当時は立石にあった「小林書店」店主・小林静生さん。小林さんは勤労青年のために開設された「青年学級」で先生をやっており、小林さんの家にはいろんな人が集まっていた。そこで雅江さんと出会って、昭和

43年に結婚。仲人を務めたのは金町で「文化堂書店」を営む川野寿一さんだ。聞けば聞くほど、岡島さんは古本屋の世界で生きてきたのだなと感じる。

「古本屋同士、昔はずいぶん付き合いがあったんだよ。組合で一緒に旅行やなんかもよく行ってたしね。市場のあとに一緒に麻雀やって、朝まで酒飲んだりね。下町は酒飲んじゃ騒いでるような古本屋も多かったから。そういう意味じゃ、東部と北部（北区・豊島区・板橋区・練馬区）は雰囲気が近かった。『なんで市場で競ってる商売敵と一緒に飲むんだ』と言う人もいたけど、その繋がりがないと駄目だったんだよね。俺も若いときはずいぶんいろんな人の仕事を手伝ったけど、そのぶん良い品物をまわしてもらったりね。昔はいろいろ付き合いがあったんだよ」

岡島さんの長男・一郎さんは「立石書店」を、次男・英二さんは「古書 英二」をそれぞれ営んでいる。こどもたちが古本屋をやりたいと言ったとき、岡島さんは「やめたほうがいいんじゃねえかと思ったけど、止める気もなかった」と言う。

「古本屋になると言われたときに、『組合には俺とは別で入れ』と言ったんだよね。一緒にやってりゃ別々に組合費を払う必要もないんだけど、うちで給料は払えねえからよ。最初に店を始めるときは、できる範囲で手伝ったり助けたりはするけど、あとはお前の責任だよ、と。親子といっても、それぞれ独立した別個の人間だと思ってるから。だから、うちを継いでもらいたいなんて根本的に思わないしさ、やりてえことをやればいいんじゃないのと思ってるけどね」

テレビのチャンネルを変える。民放はどこもアメリカ大統領選挙の開票速報を中継している。現時点ではバイデン候補が220票、トランプ候補が213票と接戦になっているようだ。作業の手を止めて、岡島さんはテレビ画面を見つめる。店内に西日が射し込んでくる。店の前を自転車が行き交うたび、影が揺れる。岡島さんは飴を舐めながら、「今は満腹まで食っちゃ駄目だって言われてるから、飯を食い終わったときからひもじいんだよね」と笑う。

「肝臓の手術をしたら、今度は腎臓の数値が悪くて透析寸前なのよ。タンパク質とカリウムをなるべく取らないようにって言われてるから、栄養失調みたいなもんだよ。昔は夜は外食することが多かったけど、今はうちのカミさんが工夫して料理を作ってくれてる。今は月に一回病院で検査を受けてるんだけど、数値が悪くなったら透析になっちゃうから、有罪判決が出ないように頑張ってるわけ」

明日がちょうど、月に一度の検査の日だ。「判決」を受けに行くのは嫌だよな。岡島さんがつぶやくように言う。「明日が『判決』の日じゃなけりゃ、近くにうまい魚を食わせる小料理屋があるから、一緒に飲みに行ったのによ」と。

「岡島書店」をあとにして、夜の町を歩く。あかりの灯った酒場を横目に、駅を目指す。ひとりで酒場に出かけることはあっても、誰かと一緒に飲みに出かけることから、ずいぶん遠ざかっている。

「俺はね、椅子に座るのが嫌なの」。岡島さんがそんな話をしていたことを思い出す。店番をしているあいだ、岡島さんはずっと正座をしていた。こどものころ、ごはんを食べるときに正座をしていないと、親に引っ叩かれたのだという。今では足を畳んでいるほうが楽になって、椅子の上でもあぐらをかいて過ごしてしまうのだ、と。

アーケードの下を歩きながら、酒場を眺める。この中に岡島さんが行きつけの店もあるのだろうか。いつかそこで岡島さんと乾杯する日のことを想像する。カウンターであぐらをかきながら、べらんめえ口調で語る岡島さんの姿を思い返しながら、その日を待っている。

コクテイル書房

12月28日（月曜）

久しぶりに高円寺「コクテイル書房」を覗くと、内装がすっかり生まれ変わっている。1ヶ月に及んだ改修工事を経て、12月24日に再開したばかりとあって、どこか清々しい感じがする。何より目を引くのは、店の奥に設置された小さなシャンデリア。カウンターには斉藤友秋さんが立っていて、お米を研いでいるところだ。

炊飯の準備が整ったところで15時45分、駅の近くにある「高野青果」と「ユータカラヤ」へ買い出しに出かける。小松菜は280円、春菊は350円。葉野菜はどれも高騰していて、「どうなってんだ」と斉藤さんが苦笑いする。菜の花であれば98円と手頃だけど、菜の花は昨日仕込んだポテトサラダにも使っているので、購入は見送る。野菜とは対照的に魚はどれも安価で、イナダは1尾330円だ。今年は豊漁であるうえに、休業中の飲食店が多く、値崩れしているのだという。どう調理するのか決めないまま、斉藤さんはイナダをカゴに入れる。

「事前にメニューを決めるというよりも、食材を眺めながらメニューを決めてます」。買い出しの帰り道、斉藤さんはそう教えてくれた。「食材が高過ぎると、売り値もあげなきゃ駄目だから、現実的じゃないものはどんどん切り捨ててますね。自分が飲みに行ったとして、『このぐらいの値段なら頼むだろうな』みたいなことを基準にすることは多いかもしれないです」

斉藤さんは音楽家として活動しながら、週に2日、「コクテイル書房」で店番をしている。最初に「コクテイル書房」を訪れたのは、お店で開催されたライブに出演したときだったという。

「ここに最初にきたときは、今まで触れたことがないような空間で、かっこいい店だなと思ったんです。ただ、僕がリハーサルをやっているときに、狩野さんがいなくなっちゃったんですよ。お金を置いて、『酒屋がきたら、これで払っておいてください』って。そのまま店に誰もいなくなっちゃって、何なんだろうと思った印象がありますね。それをきっかけに飲みにくるようになったんですけど、飲みながら前の職場の愚痴を言ってたら、『うちでやりたいようにやったらいいんじゃないか』と狩野さんに言われて。僕も泥酔してたから、酔っ払った勢いでオーケーしちゃって、店番をやるようになったんです」

店主の狩野《かりの》俊さんが「コクテイル書房」を創業したのは、1998年の春。最初に店を構えたのは国立だった。当初はごく普通の古本屋だったが、次第に近所に暮らす人たちが集まり、夜になると飲み会が催されるようになった。常連客に「ここに酒場も作ればいいいんだ」と提案され、酒場部門を開設する。こうして古本屋と酒場が合体した「古本酒場コクテイル」が誕生した。

２０００年秋に高円寺に移転するにあたり、狩野さんは「文士料理」を看板に掲げた。文士料理とは、小説やエッセイに描かれた食事にアレンジを加え、再現した料理のこと。２０１０年には妻・かおりさんとの共著『文士料理入門』も出版。その表紙に写るのは、檀一雄の『檀流クッキング』に登場する大正コロッケである。おからと魚のすり身を混ぜ、ボール状に丸めて揚げた一品は、「コクテイル書房」の名物料理である。

高円寺に移転すると、「コクテイル書房」はトークイベントやライブも開催するようになった。駅前横丁にある4坪ほどの物件は手狭になり、２００３年にあづま通りに、２０１０年に現在の北中通りの物件に移転する。

斉藤さんが店番をするようになったのは２０１５年のこと。最初のうちは「斉藤バル」と銘打ち、定休日に間借りするような形で営業していたが、２０１６年からは日曜と月曜、それに昼の部を斉藤さんが、火曜から土曜を狩野さんが担当するようになった。ひとつの店にマスターがふたり。そんな体制で店を営業することに決めたのは、狩野さんが「店を変えたい」と思っていたからだろう。

「僕が店番を始めたころ、狩野さんはやる気をなくしてて、『俺は一回、精神的に店をやめる』とか言い出したんですよ。古本酒場って名前をやめたいと言い出したのもそのころで、『ここは古本酒場コクテイルじゃなくて、コクテイル書房だ』と。その言葉はすごく印象に残ってますね。本があるだけの飲み屋になってるのが嫌だ、って。その時期に一度リニューアルをして、それまでごちゃごちゃした雰囲気だったのが、本が真ん中にある感じに変わってきた気がします」

買い出しを終えて店に戻ると、斉藤さんは土鍋を火にかけ、米を炊く。7分経ったところで弱火にして、さらに13分ほど炊く。「昔は様子を見ながら炊いてましたけど、最近は炊く量が決まってきたから、タイマーで計ってます」と斉藤さんは言う。

「昼の部を始めるときに、狩野さんに言われたんですよ。ここは駅から結構距離がありますけど、『駅から離れていても、お客さんがわざわざ目指してきてくれるのはカレーかラーメンだ』って。店の雰囲気を考えるとカレーだろうってことで、『斉藤さん、カレーやりなよ』と。たしかにカレーは面白いなってことで作り始めたんです。ただ、それまでスパイスカレーを作ったことがなかったから、最初は苦労しましたね」

当初はシンプルなスパイスカレーを出していたが、「コクテイル書房」に馴染むカレーを模索するうち、「文学カレー」を考案する。そのころ狩野さんは文士料理だけでなく、作家や文学から得たインスピレーションをもとに「文学料理」を作り始めていた。「文学カレー」も、小説やエッセイに登場するカレーを再現するのではなく、夏目漱石が食べたら「美味い」と言ってくれそうな味を追求し、2019年に漱石カレーが誕生する。

漱石カレーは店頭で提供するだけでなく、本のように手に取ってもらえるようにと、レトルトとして商品化した。工場に発注するにあたり、試作を4度重ね、ようやく納得のいく仕上がりになった。そうして商品化に踏み切ったものの、量産されたレトルトの味は、試作とは微妙なズレが生じていた。それならば、いっそのこと自分の店で納得のいくものを作ろうと、狩野さんは「コクテイル書房」内に缶詰工場を立ち上げることに決めた。11月30日に始まった改修工事を経て、店の奥に工場が出来上がりつつある。

「工場ができたぶん、店は狭くなったんですけど、そのぶん暖房の効きがよくなったんです」。仕込みに取りかかりながら、斉藤さんは言う。「あと、全体的に明るくなりましたよね。ここ数年で、狩野さんが段々外に向いてきてる感じはありますね。正面をガラス張りにしたのも、昔の狩野さんじゃ絶対にやんなそうなことだな、と。そのおかげで、若い人が自然に入ってくるようになったのはものすごい変化ですね。実際、『前から気になってたんですけど、怖くて入れなかったんです』と言われることもチラホラあって。狩野さんは昔、もっと難しい顔してましたもんね」

仕込みがひと段落したところで、エプロンを外してカウンターに座り、原稿用紙に今日のメニューを書く。どう調理するか迷っていたイナダは、刺身(450円)、唐揚げ(500

円）、頭塩焼き（350円）でメニューに記載する。近くのコンビニでメニューをコピーしてきて、カウンターに配置する。窓の外を見遣ると、スーツ姿の人たちが足早に通り過ぎてゆく。「今日が仕事納めの人が多いんですかね」と斉藤さんがつぶやく。斉藤さんも今日が年内最後の店番だ。

「料理をやっていると、楽なんですよね。料理は完成が早いから、音楽で悩んだりしたものが昇華されて、すごく楽なんです。音楽よりわかりやすくて、皆が喜んでくれる。料理と音楽は僕の中で繋がっていて、芸術を作ってますみたいな感じではなくて、日々の日記みたいなものなんです。昔はもっと追われるようにやってましたけど、淡々と作り続けたくて。飯食わないと死んじゃうのと同じで、料理と音楽は毎日のことですね」

17時55分になるとiPodをスピーカーに繋ぐ。音楽を再生すると、「よし、オープンしました」と斉藤さんが宣言する。スピーカーから流れてきたのはセロニアス・モンクとジョン・コルトレーンのセッションだ。その音源はスタジオで録音されたものではなく、1958年にふたりがライブで共演したとき、コルトレーンの妻・ナイーマがテープレコーダーで録音したものだという。一夜限りのライブで演奏された音源を、60年以上経ってこうして聴くことができるというのは、不思議な体験だ。

カウンターの端に座り、ハートランドを注文する。これまで何度となくここでお酒を飲んできたけれど、酔いが進むと、ここが古本屋であることを忘れてしまいそうになる。これから3日間、「コクテイル書房」を古本屋として見つめ直したいと思う。

12月29日（火曜）

高円寺駅を北口に出て、横断歩道を渡り、セントラルロードを歩く。入り口には先月オープンしたばかりのブルーシールのアイスクリーム屋さんがある。ブルーシールといえば沖縄のイメージが強く、冬の高円寺で見かけると不思議な感じがする。居酒屋、風俗店、沖縄料理屋、中華料理屋、スーパーマーケット、コンビニエンスストア、古着屋に美容室。車一台が通れるほどの道に、いろんな店がひしめき合っている。この通りを5分ほど歩くと、「コクテイル書房」が見えてくる。

13時、狩野さんは「開店」作業を始める。「コクテイル書房」の店頭には「まちのほんだな」と名づけられた書棚がある。ここに並ぶのは売り物ではなく、自分が持ち込んだ本を自由に物々交換できる書棚だ。1度に3冊まで交換可能で、持ち込む本のジャンルは不問。夜間は戸板で塞いでいる「まちのほんだな」を開き、棚を整えてゆく。

作業がひと段落したところで、「ユータカラヤ」まで買い出しに出かける。棚の並びを眺めていると、昨日にも増して歳末感がある。かまぼこに伊達巻、栗きんとんがずらりと

そば処
藪
KIRIN
そば処
藪そば

並んでいる。すき焼き用の牛肉や、冷凍されたカニもどどんと陳列されている。ぼくが生まれ育った町では年末年始にすき焼きやカニを食べる習慣がなかったから、地域差を感じる。狩野さんはすすすすと店内をまわり、商品を手に取ってゆく。会計を終えると、持ち帰り自由のみかん箱に品物を手際良く積み込んだ。

「普段はこうやって買い物しながら、何を作るか思い浮かべるんです。でも、昨日飲みすぎたせいか、全然思い浮かばなくて。焼きそばを作るってことは決めてたんですけど、なんで茄子を買ったのか、自分でもいまだにわからないんですよね」

店に引き返すと、次は仕込みだ。大根の皮を剝き、ぶり大根を作る。豚の肩ロース肉は、唐揚げにしようかチャーシューにしようか迷った挙句、とりあえず塩をまぶして冷蔵庫に寝かせておく。今日はきっと暇だろうと、手短に仕込みを終えると、古本の仕事に取りかかる。

「ここ3年、全然市場に行ってないんです。お客さんから本が買えるようになったというのが大きな要因なんですけど。入ってくる主なルートはふたつあって、ひとつはうちにいらしてくださる編集者の人の紹介で、大学の先生の研究室の整理に行って、本を買う。もうひとつは、近所の方からの声掛けで、亡くなった方の蔵書の整理ですね」

こうして店で作業をしているあいだ、昔はラジオを聴いていることが多かった。でも、CMの多さが嫌になり、今はYouTuberの動画を再生し、音声だけ聴いている。

「エレベーターの防犯カメラに、幽霊のような姿が写っていたんです」——そんな話が流れてくると、狩野さんは画面をＹｏｕＴｕｂｅに切り替える。しばしその映像を眺めて、入力作業に戻ってゆく。

以前からずっと、狩野さんは「朝型のライフスタイルに切り替えて、古本の仕事をする時間を増やしたい」と思っていた。コロナ以前は18時から23時まで営業していたこともあり、なかなか生活習慣を変えられずにいたけれど、コロナで営業時間を短縮したぶん、古本の仕事をする時間が増えた。

「古本の仕事って、地味に面白いんです。もう、本を触ってるだけで面白いんですよ。今の時代、ほとんどの書誌情報がネットにのっかってますけど、たまにのっかってない本もあって、へえーって思いながらネットに打ち込んだり。それはわかりやすい例ですけど、畑やってる人が『土を触っているとすっきりする』と言うのとおんなじで、触ってるだけで楽しいんです」

狩野さんが最初に本の仕事にたずさわったのは24歳のころ。輸入関係の仕事に就きたいと考えていた狩野さんは、資格学校に足を運んだ。通関士の資格取得コースのパンフレットを手に神保町を歩いていると、洋書専門の古本屋「ワンダーランド」の前に求人が出ていた。ああ、本屋は楽しそうだなと、狩野さんはその足で面接を申し込んだ。

「ワンダーランドはアメリカ文学者の蟻二郎さんがオーナーの店で、日本で本を買わずに、アメリカから直輸入してお客さんに提供するのが売りの店だったんです。そのころには蟻二郎さんは亡くなられていて、奥さんが店を継いでいたんですけど、僕がパンフレットを持っているのを見て、『あなた、通関士に興味あるの?』と。その求人は結構な倍率だったらしいんですけど、奥さんはきっと輸入のことに詳しくなかったから、『詳しい人に働いてもらえたら嬉しいわ』って、それで採用してもらったんです」

狩野さんは通関士のパンフレットを持っていただけで、輸入に関する知識があったわけではないけれど、本は通関業務が必要のない品物だったこともあり、仕事に差し障りはなかった。だが、働き始めて2年が経とうとするころに「ワンダーランド」は閉店してしまう。いつか独立しようと考えていたわけではなかったけれど、それを機に自分で古本屋を始めることに決めた。どこかの会社に就職することや、別の業態を立ち上げることは考えず、国立で「コクテイル書房」を開業する。そこから高円寺に移転して、今年で20年が経った。

プルルルルルと着信音が響く。電話に出た狩野さんは「何?」とだけ言う。電話の相手は妻・かおりさんだ。「わかった、わかった、はい」。淡々と電話を切ると、ベンチコートを羽織り、郵便局に出かけていく。ネットから注文が入った本の梱包と発送はかおりさんが担当しており、入金があったか確認してほしいと電話があったのだという。入金を確認すると、発送する本を自宅まで届けにいく。お店に帰ってくるころにはもう、日が傾きかけている。

「今日の東京の新規感染者は856人みたいです。火曜日でこの数字はすごいですね」。狩野さんはパソコンを閉じて、店内に掃除機をかける。隅々まで綺麗にホコリを吸い取ると、調理場とカウンターのあいだにあるガラス戸にガラス透明クリーナーを噴きつけ、新聞紙で磨いてゆく。最後にカウンターとテーブルを拭くと、狩野さんは自宅に戻り、家族と夕食をとる。「橋本さんのぶんも用意してあるんで、よかったら」と誘われて、ぼくも一緒に夕食をいただく。

「あれ、箸は?」食卓に箸が並んでいなかったことに気づくと、狩野さんがかおりさんに訊ねる。

「あ、出して出して」。料理を皿に盛りつけながら、かおりさんが応じる。

「え、どれ?」

「好きなの」

「好きなのって——なんか割り箸とかないの?」

「え、割り箸がいいの?」

「だって、なんか悪いじゃん」

「綺麗に洗ってあるから」

「あ、そう。いいですか?」

こんなふうに誰かの自宅にお邪魔するのはずいぶん久しぶりだ。普段使っている箸を、お客さんに差し出してよいものか——そんなひとつひとつに思い悩む生活から、しばらく遠ざかっていた。

　魚の煮つけに、ごはんに、お味噌汁。長男の創大君が食卓まで運んできてくれる。夕食はすべてかおりさんが作ってくれたものだ。営業時間が短くなってからというもの、酒場として営業を始めるまえに帰宅して、こうして家族一緒に夕食をとるようになったのだという。慌ただしく食事を終えると、狩野さんは原稿用紙をテーブルに広げ、今日のメニューを考え始める。

「これ、赤かぶの何漬け？」と狩野さん。

「梅酢漬け」とかおりさん。

「美味しいよ、これ」

「なんでそんな意外そうに言うの？」とかおりさんは笑う。食卓に並んだ赤かぶの梅酢漬けが気に入ったらしく、今夜のお店のメニューにも加えるようだ。お店でカウンター越しに会うときに比べて、狩野さんは言葉数が多いように感じる。

「うちだとめちゃくちゃしゃべりますよ」とかおりさん。「定休日の夜とか、ずっとしゃべってるよね？」

「うん。将棋もやってくれる」と創大君。

「だから——内弁慶なんです」と狩野さんが照れくさそうに言う。

「内弁慶以上だよね」とかおりさん。

「内弁慶以上って、じゃあ何？」

「王子様」と創大君が答えれば、「内暴君」とかおりさんが応じる。狩野さんは「表現が面白いね」と笑いながら、原稿用紙を取り出し、今晩のメニューを書く。

17時半には店に引き返し、備長炭を鍋に入れ、火を起こす。火鉢に炭を入れると、メニューをコピーするべく、コンビニに走る。そのあいだにお客さんがやってきて、狩野さんの予想に反し、開店早々に「コクテイル書房」は満席となる。お客さんへの付き出しに、狩野さんは大正コロッケを揚げる。

「マスター、私、やっぱりぶり大根だけにします」。ぶり大根と海老とチキンのチーズグラタンを注文していたお客さんが、狩野さんにそう告げる。ひとりで切り盛りしている酒場だから、一度にたくさん頼まないように、常連のお客さんが気を配っている。

「大丈夫ですよ」と狩野さん。「これ以上はお客さん入んないから、もうちょっとしたら落ち着きますんで」

その言葉通り、開店から1時間も経つころには料理もひと段落して、狩野さんはカウンター越しにお客さんと言葉を交わし始める。

「しかし、なんでちっちゃいころはあんなに正月が楽しかったんだろう？」洗い物をしながら、狩野さんがつぶやくように言う。

「高円寺はね、南口の玩具屋が元旦から営業してたんですよ」と、カウンターで飲んでいたお客さんが言う。「そこは2階に模型が並んでいて、素晴らしい品揃えだったんです。ウォーターラインシリーズ——軍艦と戦車ですね。小学校の同級生は、元旦にお年玉をもらうと、そこに行ってましたよ」

会話に耳を傾けていると、狩野さんがその男性を紹介してくれる。高円寺で有志舎という出版社を営んでいる永滝稔さんだ。

「狩野さんは昔、二日酔いで店を開けないこともありましたよね」。永滝さんが話を向ける。

「そう——今日みたいな日はきっと、昔だったら店開けてなかったと思うんです」と狩野さん。「普段だったら材料から作る料理が浮かぶんですけど、今日は買い物に行ってもボーッとしてて、全然浮かばなくて。昔の自分だったら、店を休んでたでしょうね」

「あづま通りに店があったころは、『あれ、今日は営業しているはずなのに』っていうのが年中でしたよね。でも、お客さんはそれで怒らないんですよ。『ああ、きっと狩野さんはまた二日酔いなんだろうな』と。あるいは、店を開けてる最中に、あれ、狩野さんいないなと思ったら、銭湯に行ってすっきりした顔で帰ってきて。でも、それで怒る人は誰もいなくて、『なんだ、銭湯行ってたのか』って笑われるっていう」

今の狩野さんは、そんなふうに突然店を休むことも、営業中に銭湯に行くこともなくなった。では、狩野さんはまともになったんだと言ってよいのかと考えると、わからなくなる。

世間が言うところのまともな人間はきっと、「レトルトカレーを売り出す」と言い出さないだろうし、「缶詰工場を立ち上げる」とも言い出さないだろう。

「今じゃ考えらんないけど、古本屋ってのは荒っぽい商売だったんだよな」。「岡島書店」の岡島さんがそう語っていたことを思い出す。紙を処分するタテバで珍しい本を見つけてきて、その売り上げで飲み歩いていた古本屋たち。古い『改造』や『中央公論』にエロっぽい雑誌の表紙をくっつけて縁日で売っていたという、岡島さんの父・喜造さん。その荒っぽさは、ブックカフェという業態が浸透していなかった1998年の段階で「古本酒場」を始めることにも、どこか通じている。荒っぽいということは、型破りということだ。

「今日はもう、休みなんですね。全然人が歩いていない」。店の外に目を遣りながら、狩野さんがそうつぶやく。開店と同時に満席となったけれど、お客さんが入れ替わることはなく、そのまま閉店を迎える。帰り道、中央線に揺られていると、もうすぐ新宿だというところで靖国通りが見えた。歌舞伎町のネオンは煌々と輝いているけれど、人影はまばらで、今が年の瀬だということを忘れそうになる。

12月30日（水曜）

高円寺を歩くと、昨日までは見かけなかったポスターがあちこちに貼られている。杉並区商店会連合会の年賀ポスターだ。「謹賀新年」という文字の下に牛の絵があり、「新年は　日から営業します」と、お店ごとに営業再開日を記入できるようになっている。セントラルロードの入り口にある古本屋「都丸書店」のシャッターにも、このポスターが貼られていた。ただし、「新年は　日から営業します」と書かれた部分には二重線が引かれている。ポスターの下には、「高円寺にて88年、皆様に支えられて営業してまいりましたが、２０２０年12月31日をもちまして閉店することになりました」と書かれた貼り紙がある。28日からずっとシャッターは降りたままだから、このままお店を閉じるのだろう。

正午過ぎに「コクテイル書房」に到着すると、店内に脚立が立てられていて、「監督」と斉藤さんが改修工事をしているところだ。リニューアル・オープンから数日が経ったこともあり、細かな修正作業をしようとやってきたのだという。

「監督」というのは、照明家の山口洸さん。普段は演劇の仕事をしていて、ここ数年で「コクテイル書房」のお客さんになった。改修工事は、狩野さんと斉藤さんだけでやるつもりでいたけれど、来店した折に工事の話をすると、山口さんが乗り気になってくれたのだという。最初は照明だけをお願いするつもりだったが、自分たちで描いたざっくりした図面を渡すと、完璧な図面に仕上げて持ってきてくれて、山口さんに現場監督をお願いすることになった。

「監督、何時ぐらいまで作業します?」と狩野さんが訊ねる。改装工事中は監督がトップで、店主の狩野さんが一番下っ端だ。

「いや、もう終わりにしようかと思って」と監督が言うので、隣の「藪そば」から出前をとることになった。狩野さんと斉藤さんは鴨南蛮を、監督はけんちんうどんを注文して、小上がりで昼食をとる。小上がりはグループ客でなければ座る機会がないので、監督はちょっと嬉しそうだ。

「調理場の油はねガード、どうしよう?」うどんを啜りながら監督が切り出す。現状では調理場のコンロに囲いがなく、目と鼻の先にあるガラス戸に油が跳ねてしまっている。「ひとつには、ステンレス板を買ってきて、立てかけてビスで打つか。あるいは、耐熱ガラスを買ってくるって手もあるけど、それは特注になるから、どれぐらいのお値段になるかは見積もりを取ってみないとわかんなくて」

監督の説明をしばらく聞いていた斉藤さんは、「油はねガード、要ります?」と狩野さんを見る。

「油はねガードをつけたとしても、どっちにしてもガラス戸に油は跳ねると思うんです」と狩野さん。「それに、ステンレスの板を立てちゃうと、調理してるとこがお客さんから見えなくなっちゃう。油が跳ねても掃除すりゃいいんだから、ガードはなくてもいいと思うんですよね。料理してるとこがお客さんから見えてると、それはそれで緊張感があっていいんじゃないかと」

「たしかに、お客さんから見えてると緊張感あるね」と斉藤さん。

「オムレツとかね」

「そうそう、オムレツは緊張する」

こんなふうに、監督は狩野さんや斉藤さんに確認を取りながら工事を進めてきた。ただ、監督のアイディアも随所に反映されている。たとえば、小上がりにあるテーブルは、黒いペンキが少し汚く感じられるようになってきたので、これを機に処分するつもりだった。でも、監督が「できるだけ物を捨てずに改装したい」と言ったことで、ヤスリで削って塗装を剥がして、足を付け替え、茶色く塗装しなおしたという。店主である狩野さんがすべてを決めるのではなく、改修工事に監督の感覚が入り込むというのは、どこか不思議な感じがする。

「店っていうのは、店主のものじゃないんですよ」。料理の仕込みに取りかかりながら、狩野さんが言う。昨日に引き続き、自家製オイスターソースを仕込んでいるところだ。

「いろんな人に『ここは自分の店だ』と思ってもらえたほうが、店も広がるし、長く続くと思うんです。そう思えるようになったのはここ1、2年のことで、それまでは『店は俺のもんだよ、俺が店だよ』と思ってた側の人間なんですよね。昔はほんとに社会性がなくて。個人商店って、社会性なんてなくてもやれるんです。うまいラーメン作ってりゃ行列ができるんだから、そこに社会性なんて必要ないじゃないですか。でも、商店会の活動をやっていくうちに、店というのも社会の中にあるひとつの空間なんだなと気づいて。だから店は店主のものじゃないと思えたし、だからこそ店主はサボらずに店を開けなきゃいけないと思うようになったんです」

社会の存在を知ったのは、こどもと盆踊りのおかげだと思う——狩野さんはそう振り返る。児童館や保育園、そして小学校と、こどもを通じて社会と関わるきっかけが増えてゆく。そして、こどもが生まれたのと同じ年に現在の店舗に引っ越してからは、商店会と関わるようになり、現在では副会長を務めている。ぼくは「コクテイル書房」にそこまで頻繁に通ってきたわけではないけれど、この10年のあいだ、店が地域にひらかれていくのを感じていた。

窓の外を、親子連れが通り過ぎてゆく。年末年始の買い出しに出かけたのか、父親は大きな袋を2つ提げている。こどもはウルトラマンのソフビを手に、嬉しそうに駆け出す。15時になると仕込みを中断し、掃除に取りかかる。昨日と違って、今日はガラスというガラスをすべて磨く。別に年内最終営業日だからというわけでなく、定期的にすべて磨くようにしているのだという。全部のガラスを磨くだけで、50分以上経過している。

「昔はね、店番してんのがほんとに嫌だったんです」。カウンターを拭きながら、狩野さんが笑う。「店をやっていると、開店時間には否応なくお客さんがやってきて、それを僕は選べないわけですよね。だから、コロナになって店を休んだときに——酒場は休んでても、店に来て古本の仕事はずっとしてたんですけど——すごく楽だったんです。家に帰ると、『ああ、俺はもう、二度と店番やんない』と妻に言うぐらい、楽だったんですね。その期間に、自分は人間が嫌いだったんだなとしみじみわかって。これまでは人間が嫌いだなんて言う勇気がなかったんですけど、自分は人間が嫌いなんだとわかったことで、徐々に人間が好きになってくる。そうすると、お客さんに出す料理も変わってくるし、ここの空気も変わったんだと思います」

掃除機をかけ終えたところで、狩野さんは夕食をとりに帰る。今日も誘ってもらったけれど、お店のツマミをあれこれ注文してみたいこともあり、今日は遠慮しておく。ひとりで留守番していると、柱時計の音だけが響く。17時半に狩野さんは店に戻ってきて、火鉢に炭を入れる。今日の夜から寒波が襲来するとニュースが報じていたけれど、日が暮れた途端に風が強くなり、ガラス戸ががたがた音を立てる。

「もうやってます?」

17時40分、最初のお客さんがやってくる。「ええと、18時からなんですけど、どうぞ」。狩野さんはお客さんにビールを出してから、店内を整えて音楽を再生し、表の札を「OPEN」に切り替える。この日は予約のお客さんが多かったこともあり、開店時刻の10分後には満席になる。隣に座った若者たちは漱石カレーを注文し、カレーを待ちながらカウンターの本を読んで過ごしている。狩野さんの手が空いたタイミングを見計らって、3食限定の「東坡肉《トンポーロー》大根と煮卵添」（750円）を注文する。昨日、何にしようか迷っていた豚肩ロースだ。1杯350円のトリスハイボールをちびちび飲んでいるうちに、夜は更けてゆく。閉店時間が近づいたところで、「上海焼きそば 自家製オイスターソース！」（750円）を〆の料理として頼んだ。

21時が近づくと、お客さんはひとり、またひとりと帰ってゆく。狩野さんは「良いお年を」とお客さんを見送る。1時間以上も掃除していたところを見ているせいか、狩野さんは店主というより、管理人のようにも見えてくる。

「ああ、ある意味では管理人に近いかもしれませんね」。閉店後の店内で洗い物をしながら、狩野さんが言う。「それは水平的な意味だけじゃなくて、垂直的な意味でもその感覚はあるかもしれないです」

水平的が「同時代的」という言葉に置き換えられるとすれば、垂直的は「歴史的」に言い換えられる。「コクテイル書房」が扱う古本というのも、過去から現在、そして未来へと、

垂直的に引き継がれてゆくものだ。

「ある時期、古本の持つ意味って何だろうなと考えたときがあったんですよ。それは、永井荷風の『濹東綺譚』を昭和12年版で読んだとき、タイムスリップをするような感じであの世界に入っていけたんです。テキストを読むということは、元の版で読むのと、文庫で読むのと、電子書籍で読むのとでは全然違う経験なんじゃないかと思ったときに、古本屋ってのはなくならないなと思ったんですね」

洗い物を終えると、狩野さんは火鉢から炭を拾い出す。この火鉢は、買い取りに訪れたお宅で、「古いものが好きな人に扱ってもらえるのなら」と譲り受けた。

「コクテイル書房」は、大正時代に建てられた古民家を改装したお店だ。改装工事を経た今でも、当時の面影は随所に残っている。リニューアルを機に設置したガラス戸も、新品ではなく、建具を扱うアンティーク・ショップで探してきたものだ。カウンターの木材は、近所の中華料理屋が閉店するときに梁を譲り受け、加工して使っている。

「これは別に、古い建具を意識的に継承しようとしてきたわけじゃないんです」と狩野さん。「ただ単に、僕は昔の時代が持っていた、ゆったりとした時間の流れが好きなんだと思うんです。昔の空気や時代感をまとっているものが好きで、意識せずにこういう建具を使ってきたんだと思います。一方で、昔のものが残るのが当然いいし、古い木造建築が取り壊されて新しくてつまんないものになるのは本当に悲しいんだけれども、それを嘆いていても仕方ないなとも思っていて。時間が進んでいくなかで、時代の空気感を残すためには、新しい空気を取り入れつつ、昔のものを腐らせないようにすることが大事だと思うんです」

もう一杯飲んでいきませんか。

狩野さんの言葉に甘えて、トリスハイボールをもう1杯だけ飲んだ。今は350円だけれども、消費税が上がるまえまでは300円だった（トリスウィスキーのシングルが250円で、ソーダ代が50円）。今から10年前に「コクテイル書房」で飲んでいたころは、今よりもっとお金がなくて、「すみません、今の段階でお会計はいくらですか？」と狩野さんに確認して、財布の中身を確認しながら飲んでいた。

あのころに比べると、ぼくも変わったし、狩野さんも変わったし、「コクテイル書房」も変わった。これからもきっと変わり続けていくのだろう。だからこそ、今年のことは忘れないように、こうして言葉に綴っておく。

2021年

北澤書店

1月27日（水曜）

明け方に雨が降ったせいか、地面はまだ少し濡れている。10時40分、北澤一郎さんはビルの入り口に立て看板を出す。開店時刻は11時だけれども、今日は早めに店に着いたのだという。2階にあるお店の入り口には、本が積み上げられている。

「ビルの屋上に物置があって、そこから本を下ろしているところなんです」と一郎さん。「来週の市場に出す本を用意しようと思ったんだけど、本を移動させるのがキツくなって、最近は人にお願いしてるんです。こういうのも古本屋の大事な仕事なんですけど、10年前に背骨の大きい病気をしてからはもうしょうがないってことで、体力がある人を雇ってます」

店内には妻の恵子さんと、長女の里佳さんの姿もある。静かに音楽が流れている。昔はBGMをかけていなかったけれど、お客さんにリラックスした状態で本を見てもらえるようにと、ジャズをかけている。恵子さんは買い物に出かけると、2リットルのミネラルウォーターのボトルを2本抱えて帰ってくる。その水を使って、コーヒーメーカーでコーヒーを淹れる。一郎さんと里佳さんはカウンターに並んで座り、パソコンに向かって作業をしている。

「××さんから『お振込口座を教えてください』ってメールがきてるよ」と里佳さん。

「こちらにはまだ届いてないよ」と一郎さん。

「左上のぐるぐるっていうやつ、押してごらん」

「左上の?――ああ、届いた。返事の早い人はありがたいね」

インターネットで注文するお客さんには、急ぎで本を手にしたい人が多く、対応が半日遅れただけでも「遅い」とクレームが入ることもある。反対に、注文後に連絡が途絶えるお客さんもいるそうだ。

「こないだもね、『日本の古本屋』というサイトを経由して注文があったんだけど、うんともすんとも言ってこなくて。1週間経っても振り込みがなかったから、『キャンセルさせていただきます』とメールを送ると、翌日に同じ人から再注文があった。どういうことだろうと思ったら、もう1週間待つと25日の給料日にかかるんだよね。だから、もう1週間待ってあげようと思って、『再注文をお受けしますから、26日までにお振込ください』とメモをつけて再注文のプロセスに入ったんだけど、今朝の時点ではまだ振り込まれてないんですよね」

そんな話をしているところにコーヒーが完成し、惠子さんが運んできてくれる。一郎さんは何通かメールを返信すると、「ちょっと休憩です」とコーヒーを飲んだ。「北澤書店」の3代目にあたる一郎さんは、1955年、神保町に生まれ育った。当時の神保町は今とはずいぶん雰囲気が違っており、「あのころは神保町にも市場があったんですよ」と教えてくれた。

「昔はね、神保町にも生鮮食品なんかを売ってる市場があったんですよ。それ以外にも、生活用品の専門店がそれぞれあったんですね。八百屋もあった、魚屋もあった、もちろん肉屋もあった。薬屋も、お裁縫道具を売ってる店もあった。神保町って家庭的な町で、全部ここで用事が済んだんです。このすぐ裏に映画館もあったしね」

今ではビル街となった神保町の風景だけを見ていると、「家庭的な町」という言葉が不思議に感じられる。

一郎さんが小さいころは、古本屋の経営者も従業員も住み込みで働いているところが多かった。仕事終わりに銭湯に行けば、同業者同士で顔を合わせて、湯に浸かりながら言葉を交わす。この界隈は「神田村」と呼ばれることもあるけれど、一郎さんが語る神保町は「村」という言葉がぴったりくる。

「もし時間があれば、落丁がないか一緒にチェックしてもらえませんか？」コーヒーを飲み終えた一郎さんに、里佳さんが小さな本を差し出す。それはイギリスのチズウィック・

プレス社から刊行されたシェイクスピアの作品集だ。

「これは××さんにお渡しする予定なんだけど、一緒にチェックしてもらえたらと思って」

里佳さんは今、「KITAZAWA DISPLAY BOOKS」と看板を掲げ、ディスプレイ洋書を販売している。洋書を身近に親しんでもらえるようにと、空間を彩る装飾として洋書を売り出している。最近ではディスプレイ洋書を販売する業者も増え、メートル単位で料金を設定しているところもあるけれど、「KITAZAWA DISPLAY BOOKS」では1冊ずつに値段をつけ、店舗とオンラインストアで展開している。「北澤書店」の中に、常時1万冊以上の在庫を取り揃え、お客さんに本を選んでもらえるようになっている。そこから本をお客さんに選んでもらうこともあれば、モデルルームやショウルーム、各種撮影や店舗内装に向けて、コーディネートを任されることもある。洋書自体にも興味を持ってもらえるようにと気を配りながら仕事を続けてきたおかげで、最近はディスプレイを入り口に「北澤書店」の顧客になってくれる人もいるのだという。

チズウィック・プレス社からシェイクスピア作品集が出版されたのは、今からおよそ120年前のこと。それはちょうど、「北澤書店」が創業された時期とも重なる。

「北澤書店」の創業者である北澤弥三郎さんは、明治17年、滋賀に生まれた。16歳で上京すると、2年ほど神保町の書店で修業したのち、明治35（1902）年に独立する。現在の「北澤書店」の帳場には、祖父が経営していた時代の写真が置かれている。天井までぎっしり本が並んだ店内に、学生服姿やハットをかぶった男性が立ち、本を手にしている。

「この写真だとたくさん人がいますけど、祖父の時代は来客のない店だったそうです」。一郎さんが教えてくれる。「店頭で不特定多数のお客様を相手にするんじゃなくて、日本全国の大学や、台湾や朝鮮、満州建国大学なんかにも本を送っていた。当時は洋書専門じゃなくて、国文学を中心に扱っていたようです。1902年から1958年までが祖父の時代で、そのあとが父の時代です」

一郎さんの父・龍太郎さんは大正6（1917）年生まれ。東京帝国大学で英文学を学んだこともあり、太平洋戦争が始まると海軍軍令部で敵国の情報を解読する部署に配属された。終戦後は研究者となり、東京都立大学で英文学を研究していたけれど、弥三郎さんが癌を患ったのを機に「北澤書店」を継いだ。

「父は戦争中、海外の情報を原文で読んでいたときに、西洋っていうのはすごいところだってことを自分なりに気づいたらしいんだよね。だから戦争が終わったとき、『海外の新しい思想を取り入れなきゃ駄目だ』と思ったみたいで、それでアメリカやイギリスの文学の研究者になったんです。この商売を継ぐか研究者を続けるか、相当迷ったみたいだけど、店を継いだときに『洋書は北沢』と看板を掲げて、洋書の輸入販売に切り替えたんです」

弥三郎さんが亡くなったのは、龍太郎さんが店を継いで間もないころだった。当時3歳だった一郎さんは、お葬式のために大勢の人がお店にやってきた風景をよくおぼえている

北澤書店
ジバッグは有料となります。
な方はカウンター前の棚から
なサイズをお選び頂き
お持ち下さい。
s charge for shopping bag
for your cooperation!

という。実家が書店であり、そこで扱っているのは海外の本だということは早くから知っていたけれど、「内面的になじむことはなかったですね」と笑う。

「中学に入ったころから、父に英語の本を読まされるようになったんです。仕事を終えて、酔っ払って帰ってきた父と一緒に、英語の本を読むわけ。早く寝てくれと思ったけど、辞書を引きながら、一文ずつ訳していく。嫌でしょうがなかったけど、それで英語力がついたのは事実です」

一郎さんの少年時代というのは、アメリカが輝いていた時代でもある。英語の勉強は嫌だったけれど、アメリカに対するあこがれは強く、高校3年の夏休みには交換留学生としてハワイに渡った。

「それまで映画やなんかである程度イメージはしてたんだけど、実際に行ってみると、やっぱり違うなと思ったことがあるんです。それはね、匂いですよ。風景は写真から想像した通りだったけど、空気の匂いが違ったんです。高校を卒業したあと、大学に入るまでのあいだに友達とアメリカ一周旅行に出かけたんだけど、そのときにも『これがアメリカの匂いなんだな』と思った。それを知ってから本を読むと、また迫ってくるものがあったんだよね」

一郎さんが慶應高校を卒業し、慶應大学の文学部に入学するのは1973年のこと。この年、『宝島』という雑誌に、「J・J氏と神田神保町を歩く」と題したルポルタージュが掲載されている。書き出しはこうだ。

「きょうは、どこに行こうかな……」

おそい朝。その日の計画を立てるJ・J氏の頭のなかには、六本木、三軒茶屋、神保町――と、いくつかの街の光景が浮んでいる。街の中心にはかならず、古本屋や洋書店がなければならない。あの本屋とあの本屋をまわって、それから、あの喫茶店でコーヒーを飲もう。多くの場合、J・J氏の外出スケジュールは、こんな風にきまってゆく。そしてやっぱり、J・J氏の足は、ゆたかな収穫の期待できる神保町に向かうことが多い。

その日、「J・J氏」こと植草甚一は「進省堂」と「東京泰文社」で本を買い込んだあと、「北沢本店」に立ち寄ると、6冊の本を手に取る。「『近頃の若い人はあまり値切らないようですが、値切るのが本当なんです』といいながら、J・J氏はじつに堂々と値切る」。そして「『先生にあっちゃかないませんな』などと、本屋の方も、結構たのしそうにまけている」と記されている。

「植草さんは、うちにもよく見えてたようですよ」と一郎さん。「先代である父が重病を患って、僕は学生時代から店を手伝ってたんですよ。当時から古本を扱ってはいましたけど、僕には新刊のほうが面白く感じられた。新刊だと、なんとなくその時代に合ったものが多いけど、古本は何の本かもわからないものも多くてね。ただ、父の中には『これからは古本をやんなきゃ駄目だ』という考えがあって、今のビルを建てるときに、1階で新刊を、2階で古本を扱えるように設計したんです。父は工事が着工した1981年に亡くなってるから、このビルが完成するところは見届けられなかったんだけど、『昔の本がどうやって読まれてきたかを勉強しないと、今のこともわからない』という考えが父にはあったんでしょうね。だから、大学を卒業して店を継いでから、僕は古本部門に力を注いできたんです」

インターネットが登場するずっと前の時代、洋書の輸入販売に欠かせなかったのがブックス・イン・プリント——書籍総目録である。

「イギリスとアメリカで出版された書籍の全てが載っている目録があって、著者で引くのが4冊と、タイトルで引くのが4冊、こんな分厚い目録があったんです。書評や論文で本を知ったお客様から、『こういう本があるらしいんだけど』と問い合わせがあると、ブックス・イン・プリントで一個一個引いてね。それを見ると、なんていう出版社から、いくらで出てると書かれてある。換算レートから計算した値段を伝えて了承されたら、海外に注文を出す。エアメールは高いから船便で取るんだけど、スムーズにいっても3ヶ月はかかるんです。この本読みたいなと思っても、手に入るのは注文してから3ヶ月後だから、相当気の長い話なんです。その本が着いたらば、お客様には葉書でお知らせする。葉書ですよ、葉書。そうするとお客様が飛んでやってきてくれて、喜んで帰っていく。それが洋書の受注販売の基本的な姿だったんですね」

一郎さんがお店を手伝い始めたころには、「人間ブックス・イン・プリント」と呼ばれる店員さんも働いていた。その店員さんは四六時中ブックス・イン・プリントを繰っていて、タイトルを聞けばその本の在庫があるかどうか、在庫がなかったとしてもどこに注文すればどれぐらいで届くのか、把握していた。「今はインターネットで大体のことはわかっちゃうけど、人力には人力のよさがあったかもしれないですね」。一郎さんはそう振り返る。

本が届くまで3ヶ月も待ち、入荷を知らせる葉書を手に書店へ急ぐ。そんな時代はもう、遠い昔に思える。

かつて神保町には、「北澤書店」だけでなく、「東京堂書店」の洋書部があり、アメリカ文学者・蟻二郎の経営する——そして「コクテイル書房」の狩野俊さんが働いていた——「ワンダーランド」があり、洋書の古本屋も何軒か存在していた。神保町の他にも、銀座には「イエナ」があり、高田馬場には「ビブロス」があり、渋谷の「大盛堂書店」にも洋書部があった。しかし、その多くは姿を消してしまった。

「ちょっと、資料会に行ってきますね」。恵子さんはコートを羽織り、出かけてゆく。東京古書会館で開催される古書交換会のうち、洋書を専門に扱うのは火曜日の洋書会だ。ただし、他の曜日の市場にも洋書が出品される場合もあるので、念のため確認に行くのだという。古書会館に出かけたあと、惠子さんは閉店間際の銀行に立ち寄り、通販の入金を確認してお店に戻る。

「他に入金はなかった?」と一郎さんが訊ねる。

「それだけでした」と惠子さん。

「再注文を受けた本の代金は、結局振り込まれませんでした」。一郎さんが残念そうにつぶやく。「本屋っていうのはやっぱり、注文が入ると喜ぶわけだよね。売れるっていうことは嬉しいことだから。それが後になって抹消されちゃうと、最初から注文が入らない方がいいわけです。だから、自分なんかがレストランを予約するときにも、ものすごく気を遣うんだよね。どうしてもキャンセルしなきゃいけなくなった場合、やむをえないときは頭を下げてお願いするけど、相手はがっかりしただろうなと思うからね」

肩を落としていると、新たな注文が入る。今度の注文は代引きなので、すぐに発送手続きに取りかかった。「領収書を同封して欲しい」とリクエストがあったので、領収書も用意する。この領収書を、封筒に入れたうえで、本と一緒にぷちぷちで包んだ。

「裸でそのまま入れる店もあると思うんですけど、僕は封筒で入れるようにしてます。向こうからメールで『領収書を同封してください』と言ってきているわけだから、お客様としては領収書というのは大事なアイテムなわけですよね。こっちは荷造りして発送しちゃえば終わりだけど、お客様のほうでは荷物が届いてから始まる。『ああ、やっと届いた』と、楽しみにして開けてくださると思うんです、きっと。そこで一瞬でも『領収書が入ってないんじゃないか？』と思わせると、がっかりすると思うんです。お客様の期待に水をかけるようなことはしないようにって考えると、店頭で販売するときよりもかえって気を遣うんですよね」

パソコンを導入したのは、30年近く前のこと。当時はまだ今のようにインターネットが普及していなかったけれど、コンピュータに詳しい社員に奨められて独自のソフトを開発し、仕入れと販売、それに顧客のデータを管理するシステムを構築した。

「コンピュータを入れてから、目録作りはすごく楽になりました。それまでは本を引っ張り出して、原稿をタイプして、ノートに貼りつけて印刷屋に持っていく。目録を作るたびに、その作業を繰り返してたんです。そういう作業をやらなくて済むようになった一方で、朝から晩までコンピュータに向かって仕事をするようになった。人間がパソコンにくっついているような感じがして、人間の自由があんまりないなと思ったんです。自分もパソコンを使って仕事をせざるを得ないんだけど、コンピュータによってどんどん人間が追い込まれてるような感じがしましたね」

パソコンを導入して10年が経過したころに、問題が生じた。独自に開発したシステムを使い続けるにはアップデートが必要となり、そのためには相当な金額がかかるという。迷いに迷った挙句、一郎さんは投資を決断。アップデートには成功したものの、インターネット書店の台頭により、洋書の売り上げは下降し始めていた。そこに、投資にかかった費用が負債としてのしかかる。このままでは経営を維持できないと判断し、２００５年8月31日、「北澤書店」は一時閉店する。

「自分の決断としては、あの投資は大失敗だったんだよね」。一郎さんは当時を振り返る。

「あのときはもう、そのまま店を辞めることも考えたんです。1階と2階を一緒に借りてくれる人がいれば、洋書店を辞めようと思った。でも、両方借りてくれるテナントがどうしても見つからなくてね。とにかく借金を返さなきゃいけないから、2階の古書部門だけを存続させて、家内とふたりで店を続けることにしたんです」

新刊の売り上げに比べると、古書の売り上げの下げ幅は緩やかであるように感じられた。スピードが求められる新刊とは異なり、古本であればまだ存在価値があるのではないか。

「そんなふうに漠然とした、一種の信奉とともに船出したような気がしますね」と一郎さんは語る。

「北澤書店」が再出発したのは、２００5年10月12日である。リニューアルにあたり、一郎さんは売り上げ目標を立てた。最盛期の古書部門の売り上げを２００とすると、せめてその半分、１００は売り上げようと決めた。再出発した初年度の売り上げは、１００の目標に対し、あと15パーセント届かなかった。当初の目標は達成できないながらも、数年前にはどうにかお店が抱えていた借金を返済し、「北澤書店」は今も営業を続けている。

「売り上げノートを見てみると、今週はちょっと少なくて、昨日なんかは買ってくれたお客さんはひとりだけで、売り上げは400円だったんです。売り上げがゼロの日も、1回か2回だけありました。20年前までは、売り上げがゼロは経験したことがなかったんです。台風で交通がストップするような日でも、店を開けていればお客さんがきて、本を買ってくれた。そういう経験が、今も深いところで支配している部分があるんです」

16時になると、恵子さんがもう一度コーヒーを淹れてくれる。ヤマト運輸の配達員が集荷にやってきて、荷物を運び出す。コーヒーを淹れ終えると、恵子さんは本の仕分け作業に戻ってゆく。

「これは来週の市場に出す本なんですけど、こうやって見始めると、全部うちの店に置きたくなっちゃうんです」。本を手に取りながら、恵子さんは笑う。

ディスプレイ用に洋書を販売する。そのアイディアを思いついたのは恵子さんだった。ディスプレイ用に仕入れたものでも、その本が内容で選ばれるチャンスを得られるように、必ず一郎さんにチェックを入れてもらっている。もしも内容で手に取るお客さんがいそうなら、ディスプレイとは別の棚に並べる。

「家内とふたりで店を始めてしばらく経ったころに、彼女がカゴを買ってきて、トーストを並べるみたいに本を並べ始めたんです。それが全部売れて、まとまった金額になったんですね。僕は本の中身で値段をつけたんだけど、見た目で本が買われていくことがあるんだな、と。それで『ディスプレイ』って言葉を使って、こつこつ家内が始めたわけです」

最初のうちは、装飾品として本を売ることには少し抵抗を感じていた。創業から100年以上の歴史を誇る「北澤書店」が、本を飾りとして売るのかという批判もあった。ただ、昔のやりかたで洋書を販売しているだけでは、売れ行きは右肩下がりになってしまう。

「父の時代は、良い本さえ持っていればそれでよいという時代だったんです」。一郎さんは語る。「お客様が自分で探して到達してくれるから、良い本をいつも揃えていることが大事だ、と。だから父は、本を仕入れてくると『店に置いとけ』と指示するだけで、店頭でお客様に接することはほとんどしなかった。でも、今のような状況で本を売ろうとすると、相当な努力が必要になる。もともと本に関心がないような人にまで、なんとか興味を持ってもらおうとしないと売れないわけ。そのへんのところは時代が変わったのかなと思いますね」

時代の変化に対応できるようにと、2018年の秋に店内を大幅にリニューアルした。それまでディスプレイとして販売する本は外の廊下に並べていたけれど、冬は寒くて夏は暑い場所で本を選んでもらうのは商売としておかしいのではないかと、本の配置を大幅に変更した。現在では、英文学を中心とした専門的な洋古書と、インバウンド向けに日本をテーマにした洋書と、ディスプレイ向けの洋書、この3つを同じ比率で店内に並べている。

閉店時間を迎えたところで、「北澤書店」をあとにする。途中で「東京堂書店」に立ち寄ると、常盤新平さんの『片隅の人たち』が文庫化され、平積みされていた。これを買い求めて、コートのポケットに入れて、駅を目指す。地下鉄の車内で文庫本を取り出し、ページを繰ると、こんな箇所に目が留まる。

道玄坂を少しあがって、両側に洋服屋や化粧品屋などが並ぶ路地をはいっていくと、碇さんの古本屋があった。店先に新着の「プレイボーイ」が吊してあって、その下には「ライフ」や「サタデイ・イヴニング・ポスト」などの雑誌が山積みにしてあり、左右の壁にはペイパーバックがぎっしりと並び、奥の書棚にはハードカバーがおいてある。アメリカの雑誌と本だけを扱う古本屋はほかになかったので、はじめて行ったとき、僕は宝の蔵にはいった気がした。

この古本屋の名前をいまだに知らない。はたして名前があったのかどうか。夏は暑いし冬は寒い店だったけれども、そんなところへ毎日のように通ったのは、おそらくそこに新しい、しかし薄汚れたアメリカがひっそりとあったからだろう。汚れてない本はほとんど一冊もなかったが、新宿の紀伊國屋書店にも日本橋の丸善にも、またときどき覗いていた銀座のイエナにもアメリカのペイパーバックはまだなかったし、雑誌もなかった。

（常盤新平「翻訳の名人」）

ぼくが手にしているのは真新しい文庫本だ。こうして目で文字を追っていると、汚れた本の手触りがどこか伝わってくるような気がしてくる。そして、自分がほとんど嗅ぐことのできなかったアメリカの匂いを想像する。

1月28日（木曜）

昨日に続き、今日も曇天だ。午後には雨の予報も出ている。10時半にお店に到着してみると、入り口に、昨日とは違う本の山が積み上がっている。そこに積まれているのは、市場で落札してきた本だ。「北澤書店」は、古書組合による配送サービスを利用している。市場で落札したものを木曜にまとめて届けてもらって、次の洋書会に出品するものを入れ替わりで持っていってもらう。

帳場には一郎さんと里佳さんが並んで座り、今日もメールに返信するところから一日が始まる。お客さんから送られてきたメールの中に、「自分の持っている本がファースト・エディションかどうか、買い取ってもらえるとすればいくらになるか教えて欲しい」という問い合わせがあった。ファースト・エディションというのはつまり、初版本だ。

「ファースト・エディションと言っても、値段がピンからキリまであるんだよね」と一郎さん。「サインが入っているのはまた値段が高くなるからね」

「サインが入っていると、いくらになるの？」と里佳さん。

「やっぱり100万以上にはなると思う。それから、コンディションによっても値段は全然違ってくる。こないだ9万9千円で売れた本は、お客様は『状態がいいですね』と喜んでくださったけど、もっと良いコンディションのものを売ったこともある。それは25万円つけて、外国人の旅行者が買ってくれたけど、コンディションによって値段が全然違うんだ。後ろに載っている著者のポートレイトにも、色が2種類あるんだよね」

「それは、どっちが値段が高いとかってあるの？」

「いや、どちらもファースト・エディションであることに変わりはないんだけど、とにかく色が2種類ある。そのあたりは、お客様がどういった意図で本を探しているかによっても価値が変わってくるところなんだよね」

古本の世界というのは、専門書になればなるほど、骨董品の世界に近づく。つまり、真贋を見抜く知識と目が必要になる。これまで出版されてきた書物の数を想像すると気が遠くなるけれど、「私はちょっとオタク気質なので、マニアックな違いを知ると、ワクワクします」と里佳さんは笑う。

「自分ひとりで一から勉強するんだとしたら気が重いですけど、隣に父がいて、情報が無料で耳に入ってくるのはありがたいなと思っていて。ディスプレイの仕事も同時進行で進めていかないと厳しいので、どうしても自分の仕事に集中しちゃうんですけど、本当なら聞けるうちにもっと聞いておきたいなと思うんですよね。さっき父が話していたようなことって、私はとてもじゃないけどお客さんに話せないので、できるだけ習得したいですね」

メールの返信を終えると、一郎さんは本の山から7冊揃いの重厚な本をピックアップしてくる。イギリスの考古学者アーサー・エヴァンズによる『ザ・パレス・オブ・ミノス』という本で、火曜日の洋書会で落札したのだという。

「40数年の古本屋人生で、この本は2回しか売ったことがないんですよね。2回ともイギリスに出張したときに手に入れたものだったから、市場で見るのは今回が初めてで。入札の封筒を見ると、結構札が入っていたんですよね。そうなると、うちが入れないわけにはいかないし、入れる以上はちゃんとした札を入れないとマイナス宣伝になってしまう。瞬間的に判断して札を入れたらば、無事に落っこった。比較的高価な本だから、落丁や乱丁がないか、図版の欠けがないか、今日はそのチェックに時間を費やそうと思ってます」

市場で落札した本は、中身に問題が発覚した場合、返品することもできる。ただし、その期限は一週間と定められているので、早めにチェックしておきたいのだという。一郎さんの語る「うちが入れないわけにはいかない」という言葉に、老舗の重みを感じる。

「それは自分の勝手な思いかもしれないけどね」と一郎さんは笑う。「そこに入れた札を見れば、その業者の状況が大体わかっちゃうんです。見当違いな値段を書けば、『ああ、こいつもヤキがまわったな』と思われかねないから、入れる以上はちゃんとした値段を入れないといけないんです。この人は入れるだろうと思っていた人が札を入れてなかったとすれば、『おや？』と思われるしね。こういうものは、ときどき思いついたように買ったところで売れないんだ。いつも買って、売ってと繰り返している人が勝者になるんですよね」

一郎さんはブラシを取り出すと、本のホコリをそっと払い、乾いた布で優しく拭く。クリーニングを終えると、次は中身のチェックだ。汚れや破損、書き込みがないか。ページや図版に欠けがないか、確認してゆく。その作業を「落丁繰り」と呼ぶ。汚れやページの欠けの確認だけなら、時間をかければぼくにだってできるだろう。でも、図版に欠けがないかどうかをチェックするには相当な知識が必要になる。それを身につけるまでに、一体どれだけ時間がかかったことだろう。

1巻目の落丁繰りが終わるころには、1時間が経過している。時刻は13時、一郎さんは手を洗って、お昼ごはんを食べに出かける。外ではもう雨が降り始めていたので、歩いて1分とかからない場所にある「蜀楽」という四川料理の店を選んだ。

「ここは最近オープンした店だけど、僕はもう2回来ました」と一郎さん。「新しい店ができるとね、家族は僕に試食させるんです。前に来たときは麻婆豆腐と坦々麺を食べましたけど、いずれも美味しかった。今日は酢豚にしようと思います」

タッチパネルで注文すると、5秒後には厨房から「麻婆豆腐、酢豚入ります！」と声が聴こえてきて、ぴったり3分で酢豚定食が運ばれてくる。ほどなくしてぼくが注文した麻婆豆腐もやってきた。四川風と書かれているだけあって少し辛いけれど、ほどよい辛さでごはんが進む。

「神保町にはね、伝統的に中華料理の店が多いんです」。お店からの帰り道、一郎さんはそう教えてくれた。明治時代には清国からの留学生が数多く神保町界隈に暮らしており、その影響で今も中華料理の店が数多く存在する。

「今は立派なビルになってるけど、僕がこどものころだと、新世界菜館もまだ木造の建物だったんです。今でも覚えてるのは、シュウマイ。昔はね、新世界菜館でシュウマイを頼むと、付け合わせとして千切りにしたキャベツが載っていて、とんかつみたいにソースをかけて食べてたんです。今ではちょっと想像がつかないかもしれないけど、60年前はたしかそうだった」

お店に戻ると、一郎さんは薄い鞄から手帳を取り出し、予定を確認する。その薄い鞄には、ヤクルトスワローズのロゴが入っている。

「50を過ぎて日常生活に疲れが出てきたときに、神宮球場にぶらっと入って、ナイターを観ながらビールを飲んでたんだよね。夜空を見ながら、ゲームもまた少しは見ながら、ビールを飲んでいた。そのうちに試合が面白くなって、通うようになったんです」

今ではヤクルトの全試合をテレビで観るほどファンになり、お店の定休日である日曜には、昼からビールを飲んで野球を観るのが楽しみだという。ただし、ヤクルトだけを応援するわけではなく、他の球団の選手も好きなのだと一郎さんは語る。

「優等生的な答えになっちゃうんだけど、どの選手も好きなんですよ。ヒーローという格好良いものじゃなくて、そこに人間の姿がある。今年から横浜の監督になった〝番長〟、彼が現役を引退したときの試合は、相手がヤクルトだったの。それで僕も観てたんだけど、あともう少しで終わりだってときに、センターを守っていた桑原という選手がね、守備をしながら涙を流しているわけ。『この人と一緒に試合をやれるのはこれで最後だ』――僕は勝手にそう解釈したんだけど、そうやって涙を流している姿を見ると、ファンになっちゃって。野球選手がユニフォームを着て立っている姿というのがまず、格好良いと思うんだよね」

お店に戻ると、恵子さんが本の仕分けを進めているところだ。昨日の資料会で落札した海外の絵本を箱から取り出し、仕分けてゆく。ディスプレイ用の本を保管する倉庫に出かけていた里佳さんも戻ってきて、一緒に本を手に取っている。

「なかなか汚れてるね」

「なかなか汚れてるでしょう?」

「でもこれ、綺麗にしてあげれば、お客様によろこばれる本になると思う」

「この本、ウォルター・クレインじゃなかったっけ。ああ、やっぱりそうだ。これも可愛いんだよね」

テーブルに着くと、里佳さんはインターネットから注文があった本の発送作業に取りかかる。納品書をプリントアウトすると、一郎さんにハンコを押してもらう。それとは別に、一筆箋を取り出し、言葉を綴る。お礼の言葉とともに、その本がどんな内容のものであるのか、1冊ずつ手書きで手紙を書いているのだという。

「ディスプレイ用に買っていただくお客様にも、こうやって一言添えてお送りすると、1000人にひとりは内容に興味を持ってくださるんじゃないかと思って、手紙を書くようにしてるんです。ときどきお返事をいただくこともあって、それはすごく嬉しいですね。顔は見えないけど、手紙でやりとりすると、ネットの冷たさがなくなるじゃないですか。押しつけがましくなっちゃうかもと思いつつも、どうしてもお客様に感謝の気持ちを伝えたくて、一枚一枚書いてます」

今日の注文は3件だが、手紙を書くだけで30分近く経っている。数行で済ませるのではなく、一筆箋はびっしり文字で埋まっている。「まとめて注文が入ると、時間が足りなくなっちゃうから、そういうときは家で手紙を書いてます」と里佳さんは言う。

「私が扱っているものは、装丁が綺麗だからという理由で注文してくださるお客様が多いんですけど、『この本ってこういうものですよ』とお伝えすると、より愛着を持ってもらえるんじゃないかと思うんです。そこから興味を持ってもらって、作者や内容について調べてもらえると、母体である書店の業務のお客様になってもらえるんじゃないかって期待してます」

手紙と本をぷちぷちでくるむと、段ボールを組み立てる。使用するシールには「KITAZAWABOOKSTORE」とプリントされている。もう何年も前に作ったものが残っていて、それをディスプレイの発送にも使っているのだという。「こういうものもコストがかかっちゃうから、私がいちから店をやるのであれば省いちゃうところなんですけど、昔の在庫が残っているので、ありがたく活用してます」と里佳さんは言う。

両端の長さが均等になるように、丁寧にテープを貼る。それも、いきなりべたっと貼ってしまうのでなく、段ボールの片側に貼り、端っこがヨレてしまわないようにくるんと留めておき、反対側と隙間なく合わせてからテープを貼る。段ボールを組み終えると、本を入れて、まわりに緩衝材をぎっしり詰めてゆく。その緩衝材も、古新聞ではなく、ボール紙を使っている。

「社長も昨日話してましたけど、買ってくださったお客様と受け取ってもらう本に敬意を払っているので、こういうのも雑にできない業務なんです」と里佳さん。「丁寧に梱包された状態で届くと、お客様にも『大切にされてきた本なんだな』と伝わるんじゃないかと思うんですよね。もちろん、どう感じるかは人によってさまざまだと思うんですけど、そう感じてもらえたら嬉しいなって。北澤さんで買って良かったなと思っていただきたい。

だから、お客様のためでもあるし、本のためでもあるし、自分のためでもある。効率は悪いんですけどね。注文をたくさんいただくと嬉しいなと思う一方で、発送作業だけで一日が終わるときもあります」

3件の発送準備を終えるころには、1時間が経過している。

「後でいいので、集荷をお願いしてもらえますか？」里佳さんがそう語りかけたものの、一郎さんは落丁繰りに集中していて、返事はなかった。少し間があって、「集荷を頼む？」と一郎さんが返す。

「はい、3件」

「3件？　3箱？」独り言のように一郎さんが繰り返すと、「ときどき、こう、噛み合わないときもあるんです」と里佳さんは笑う。

里佳さんが生まれる前にはもう、お店はビルになっていて、住居と店舗は別になっていた。本に囲まれた父親の仕事場を訪れるのが小さいころから大好きで、機会があれば母に連れて行ってもらっていたそうだ。

「4歳か5歳のころから、ここにいた記憶があるんです」と里佳さんは振り返る。「おもちゃのマイクで、犬のおまわりさんを歌ったりして遊んでました。今は家族だけでやってますけど、昔は社員さんもたくさんいて、『こんな格好良いお店、他にないんじゃないか』と思うぐらい、自慢の店でした。父は2階で仕事をしていて、昔はもうちょっと厳しい感じだったんですね。2階には商談室もあって、高価なもののやりとりをしていたんです。ちょっとこどもには立ち入れない雰囲気もあったので、たまに2階に上がれると嬉しかったのを覚えてます」

日曜日はお店の定休日で、一郎さんは自室にこもって本を読んで過ごしていることが多かった。里佳さんが父と一緒に出かけるとすれば、行き先は「三省堂書店」(神田本店)だった。

「日曜日になると、父の運転で三省堂に連れて行ってもらって、それはすごく楽しかったですね。ちょっとバブリーな感じですけど、『好きなだけ買っていいよ』と言われて、6階の児童書コーナーで6冊とか7冊とか、まとめて買ってもらってました。そうやってきっかけをたくさん与えてもらえたので、本の面白さを発見できたんです。今でも読みたい本がたくさんあって、時間が足りないなっていつも思ってます」

里佳さんは3姉妹の長女だが、両親から「いつか店を手伝って欲しい」と言われたことはなかった。里佳さん自身も、読書は好きだったけれど、店を継ぐということは考えずに育ったのだという。

「お店自体はクールだなと思っていたんですけど、若いころの自分には本屋はちょっと地味な仕事に見えていたんです。それに、あのころはまだ、父はいつまでも元気に本屋さんをやっているっていうふうにしか考えていなかったかもしれないですね。親が老いていくとか、仕事が継続できなくなるかもしれないとか、そういう理解にまで至っていなかったので、私がいなくてもここは順調にやっていけるものだ、と。だから10代のころは、自分がここに入るっていうよりも、自分が好きなことを探しまわることに夢中だったかなと思います」

両親が夫婦ふたりだけで店をやると決断したとき、里佳さんは二十歳になったばかりだった。ただ事ではない雰囲気は感じながらも、「いつのまにか2階だけになっていると思っただけで、そんなにピンときていなかった」という。そこからファッション関係の仕事に就き、社会人として鍛えられてゆくうちに、気づけば30歳になっていた。

「小さいころはぬくぬく育ってきたので、就職して初めて社会というものを知って、人間として成長できたんですね。ここから次のステップを考えたいなと思ったときに、久しぶりに店にきてみたら、ひとりもお客さんがいなかったんです。父が何もする作業がなさそうに座っている姿を見たときに、『あれ？』と思ったんです。今まであって当たり前だと思っていたものが、なくなってしまうかもしれない危機感を初めて感じて。これまで英語を勉強してきたわけでもなかったですし、洋書を販売するノウハウもわからないので、気持ちだけじゃ事業を継承するのは難しかったんですけど、ファッション関係の仕事をやっていたので、店に並んでいる洋書を見たときに、打ち出し方を変えればよくなるんじゃないかと思ったんです」

里佳さんが手伝い始めたころにはもう、惠子さんが店頭でディスプレイ向けの洋書の販売を始めていた。TwitterやInstagramといったSNSが普及していたこともあり、上手に発信すれば若い世代に洋書の魅力を伝えられるはずだという確信が里佳さんにはあった。まずは100人を目標に始めたInstagramは、反響が大きく、現在は1万人近いフォロワーがいる。ただ、当初抱いた確信にまではまだ至っていないのだと里佳さんは語る。「その確信が実現していれば、こんなにあくせく働かなくても、もっとうまく行ってるはずです」と里佳さんは笑う。

小さいころから洋書はかっこいいものだと感じていたけれど、仕事として扱ううちに知識も増え、その魅力を再認識した。2017年秋にはホームページをリニューアルし、「KITAZAWA BOOKSTORE」のサイトとは別に、「KITAZAWA DISPLAY BOOKS」のページを立ち上げている。

「ディスプレイとして洋書を扱うということは、入り口としては装丁から入るわけじゃないですか。それって父がやってきた仕事とはまるで違っていて、周囲からも『本を冒涜している』と思われがちではあるんですね。『あの北澤書店も落ちたものだ』とネットで叩かれることも少なくなかった。お店で直接言われたこともあります。同じ洋書を扱いながら、違う目線で商売をするのは、周りからすると理解し難いところもあるかもしれないなと思うんです。でも、父はそれを受け入れてくれた。2018年には店内をリニューアルして、ディスプレイの本を店内に持ってくる決断をしてくれて。その決断って――ほんとに大きな決断だったと思うんです。それはほんとにありがたかったなと思います」
話を聞いているうちに、昔の記憶が甦ってくる。ぼくの祖母が暮らしていた家には大きな書棚があり、そこには文学全集がずらりと並んでいた。小さいころの自分には、それはただの飾りにしか見えていなかった。でも、そうして目に馴染んでいたことも、大人になって本に興味を持つきっかけになったような気がする。

今から数十年前、本が装飾品として売れた時代があった。

戦後の復興期を抜け、高度成長期を迎えると、住宅事情も改善されてゆく。応接間や居間には書棚が設けられ、そこに並べるものとして文学全集や百科事典が売り上げを伸ばした。中には一度も読まれることがなかったものもあるかもしれないけれど、そうして飾られていただけの本だって、誰かに影響を与えた可能性はある。

「文字を読むだけなら、紙をバチンバチンと綴じて売るのでいいと思うんです。でも、やっぱりそうじゃなくて、中に書かれている言葉と、それに合わせた装丁があって、初めてひとつの本として完成する。装丁画家さんがいるくらいですから、そこに着目すること自体は全然おかしなことではなくて。同じタイトルでもいろんな版があって、その中で自分の好きなカバーを探すこともできる。昔の革装の本を見ていても、あんなに凝った作りになっているのは、飾りとしても見栄えがいいものを置いておきたいということですよね。綺麗な装丁であることによって捨てられずに済んで、生きながらえてきた本がある。その本がもう一度日の目を見るように繋いでいくのが、私の役目なんだと思います」

「KITAZAWA　DISPLAY　BOOKS」は、ディスプレイ向けに本を販売するだけでなく、コーディネートも引き受けている。ただし、色やサイズだけでセレクトしているわけではないのだと里佳さんは語る。

「よく勘違いされてしまうところなんですけど、色やサイズの要望に応えつつ、内容もその場所に合ったものを選んでいるんです。インテリアとして本を飾っているお店の中には、パッと見はお洒落なんだけど、タイトルを見るとおかしな並びになっている、残念なディスプレイもあるんです。うちは本屋さんとしてやっている以上、内容も吟味して並べるようにしてます」

その一例として、「ウィリアム・モリスと英国の壁紙展――美しい生活をもとめて」という展覧会からオーダーを受けたときのことを聞かせてくれた。その展覧会に架空のウィリアム・モリスの書棚を展示したいとオーダーがあり、本をセレクトすることになった。ウィリアム・モリスは1896年に亡くなっているので、20世紀以降の本が並んでいるのは不自然だ。19世紀までに出版された洋書の中から、ウィリアム・モリスが影響を受けた作家や、親交のあった作家たちの本を選んだ。

「ディスプレイの仕事は、『小道具なんだから安いでしょ』って思われることも多くて、なかなか報われない仕事ではあるんです。ただ単に色とサイズの指定にだけ合わせて並べるのは簡単なんですけど、見る人が見ればめちゃくちゃな並びになってしまう。誰も気づかないかもしれないなと思いながらも、やっぱり1冊でも変なの入れちゃうと気になってしょうがないので、予算を低く提示されても、良い本を詰めちゃうんですよね。ただ、ときどき『この本、どこに売ってるんですか?』と問い合わせをいただくこともあるらしくて。こないだ、山の上ホテルのケーキショップにディスプレイさせていただいたんですけど、山の上ホテルは文化人が集う場所でもあるので、見る人が見ればわかる本を置きたいな、と。北澤書店としてやっているからには、100人中ひとりでも『え?』と思うような空間にはならないように心がけてます」

「北澤書店」には、「店内空間撮影は5枚までとさせて頂きます」と貼り紙がある。その下に、「人物撮影(お客様御自身を含む)は有料となります」と書かれている。商用での撮影の場合でも、無料で貸し出すところも多い中、こんなふうに貼り紙を出すのは勇気が要っただろうなと思う。

「私がここでお手伝いするまでは、うちの社長も『どうぞ、どうぞ』と無料で貸し出していたんです。朝6時から撮影と言われたら、社長も無償で6時から立ち会っていたんです。でも、他にはない空間だと思うからここを選んでくださっているのであれば、そこに価値を見出してビジネスに繋げることはやりたいなと思ってました。本を売るっていうだけでは厳しくなっているなかで、何が唯一無二なんだろうということを考えると、空間を提供することや、『この人から本を買いたい』と思ってもらえる存在であることも大切になってくると思うんですよね。北澤書店に行きたいと思ってもらえるような、なにか特化したものを作って提供していけたらなと思っています」

現在は週に1度、明治古典会の経営員として市場で働きながら、洋書以外の古書についても学んでいる。経営員とは、市場を運営するスタッフを指す。里佳さんは自分から「経営員になりたい」と申し出たわけではなかったけれど、入ってみると同じ30代の古本屋や、2代目、3代目も多く、今後のことを考える糧になっている。

「コロナの時代になって、本屋さんを続けるのはより一層厳しい状況になったと思うんです」と里佳さんは言う。「店に行かなくても、ネットで買えてしまうので。そんななかで、本屋さんっていう空間をどう残していくのか。今は3人で一生懸命やってますけど、これから両親が高齢になって、全部ひとりでやることになったらどうするのか。そこはすごく悩んでいるところではありますね。ただ、何かに縛られて考えるのだけはやめようと思っていて。そもそも自分で土地を買って開業したわけではなくて、父や祖父がやってきたことに乗っかっているような形なので、自分が自立して商売を続けていくにはどうすればいいかを考えるようにしているんです。どうすれば好きなことを仕事にしてやっていけるか、考えているところです」

話を聞いているうちに、外に白いものがちらつき始める。天気予報は雨だったのに、今シーズン初めての雪が降った。

お店が閉まったあと、山の上ホテルに立ち寄った。緊急事態宣言の影響で、バーは閉店中だ。バーとは反対側にケーキショップがあり、後ろの棚に洋書が並べられていた。頭を斜めに捻り、背表紙に書かれた文字を追う。英語がすらすら読めるわけではないので、そこに並んでいる本がどんな本であるのか、ぼんやりとしかわからなかった。いつかは読み取れるようになるだろうかと考えながら、焼き菓子を買って帰った。

1月29日（金曜）

昨日と違ってよく晴れていて、靖国通りを挟んだ反対側のビルは陽射しを浴びて白く輝いている。こうして見ると、お店が北向きだということがよくわかる。靖国通り沿いには古本屋がずらりと軒を連ねているけれど、そのほとんどが南側に集中している。つまり入り口は北に向いている。

「北向きだから直射日光を浴びなくて、本が傷まないと言われてますけど、でもねえ、やっぱり傷みますよ」と一郎さんは言う。「1階で新刊を扱っていたときは、表紙にパラフィン紙をかけてたんですよ。脂で本が汚れるのを嫌って、古本だけじゃなくて、新刊にもパラフィン紙をかけていた。そうするとね、反射した光が入ってくるのもあると思うんだけど、玄関に近いほうに長らく並んでいた本は、パラフィン紙が茶色に焼けちゃうんですよ。パラフィン紙は薄くて白っぽいから、変色するとすぐわかるんですよね。だからやっぱり、北向きであっても多少は焼けるんだなということは認識しました」

1階の立て看板は、一郎さんがお店に到着したときにはもう出してあった。今日は明治古典会の日だから、市場に出勤する前に里佳さんが立ち寄り、立て看板だけ出して行ってくれるのだと、一郎さんが教えてくれる。

店内にあかりを灯すと、まずは本棚を整え、ハンディモップでホコリを取る。開店準備が整うと、入り口の札を「OPEN」にひっくり返す。日曜日は定休日だから、今月の営業日は残り2日だ。

「今年はね、12日から営業を始めたんです」。年末年始の休業期間をどうしようかと悩んでいたころに、12月28日から1月11日までGoToトラベルキャンペーンが中止されると発表があった。例年であれば6日には営業を始めるところだけれど、すぐには人の動きが戻らないだろうと、今年は1月12日から営業を始めたのだという。

「今月は実質3週間の営業ですし、コロナで大変な状況になるだろうと思っていたので、そんなに欲張った目標は立ててなかったんです。蓋を開けてみると、最初の2週間は意外と成績が良くて。今週も調子がよければ昨年度よりも良い成績になって、弾みがつくんじゃないかと思っていたら、今週になって売り上げが下がったんですよ。給料日のあともさっぱりだった。やっぱり、世相が出てますよね。給料が出たからといって、それがすぐにお小遣いにまわるんじゃなくて、生活費にとっておかなきゃいけないんでしょう」

一郎さんが期待を寄せていたのは公費での注文だ。大学などの研究機関からの注文は、先に本を納品し、代金は後日支払われる。年度末に間に合うようにと注文が入るので、1月中旬から2月中旬にピークを迎える。昔に比べると減少傾向にあったけれど、今年は特に落ち込みが激しく、ほとんど注文が入っていないという。

「昔はね、こちらから公費の注文を引き出すために、在庫目録を作ってたんです。新刊の目録も入れると、年間20点近く出してるときもありました。新刊のほうはニューズレターのような形で、10ページぐらいのカタログを毎月出しているときもあったし、古書のほうはある程度の品物を掲載して、大学や短大の研究室や、個人のお客様に3000件ぐらい送ってました。目録を出してから1ヶ月ぐらいのあいだはよく売れたし、あとからまとめて注文をくれる学校もあったから、いつでも注文がくる可能性があったわけです。でも、売り上げが落ち込んでくると、経費に合わなくなってくる。それに、目録を作るのには労力もかかるから、家内とふたりではとてもできないんです。しばらく空白期間があって、最後に打ち止めというつもりで、2010年ごろに出したのが最後の目録です」

開店から1時間が経過したところで、「日本の古本屋」に出品していた本に注文が入る。

ウィリアム・モリスの初版本だ。

「もしかしたら、ないかもしれないね」と惠子さんが言う。

「俺もそう思ったんだ。こっちに入ってるってことはないかな?」一郎さんは鍵のかかった書棚を探す。

「だって、5000円だよ?」

「そうなんだけど、念のために見てみようと思ってね」

2018年の秋に店内を大幅にリニューアルしたタイミングで、長年抱えてきた在庫を大幅に整理した。手放すことに決めた本のデータは、1点ずつ削除したものの、誤って「在庫あり」のままになってしまっているものがあるのだという。

はたして本は見つかった。一郎さんの読み通り、貴重な本を並べた鍵つきの書棚に入り込んでいた。奥付を確認すると、「25000円」と書かれた値段が二重線で消され、「5000円」と書き換えられている。本が見つかってよかった。そうつぶやきながら、一郎さんは発送作業に取りかかる。店内を回遊していたお客さんが去ってゆくと、惠子さんは本棚を整えにいく。

「ごくたまにですけど、本を雑に扱う人もいるんですよね」と惠子さん。

「中には本を壊して、何も言わないでそのまま帰る人もいますよ」と一郎さんが教えてくれる。そんなお客さんがいるのかと、ちょっと信じられないような気持ちになるけれど、本に対する感覚は時代とともに変わってきたのだろう。舟橋聖一は、第50回芥川賞の選評にこう書き記している。

今日、芥川賞選考に当り、「巣を出る」という作品を読むうち、作中の「私」なる主人公が、女の部屋から押収してきた堀辰雄氏の文庫本を、便所の中で半頁ほど読んでから、後架へ叩きこんでしまったとある箇所に到り、思わずも憤怒をおぼえ、その後章を読むに耐えず、さりとてほかの仕事も手につかぬまま、一時間ばかりをすごした。

この選評の中で、舟橋聖一はある「昔話」を綴っている。泉鏡花の家を訪ねた佐藤春夫が、誕生したばかりの長男の名を訊ねられたとき、座布団の上に指で「放哉」と文字を書いてみせたところ、「鏡花先生は色をなし、かりそめにも、人のお臀をのせる座布団に、字を書いて示すのは、文字を粗末にすることです」と叱責されたという。泉鏡花や舟橋聖一の、文字や書物に対する迫力と比べると、自分はずいぶん粗末に扱ってしまっているような気がする。

「私はまわりに古本屋がない環境で育ったので、古本というものに馴染みがない人の気持ちもわかるんですけど、『こんなに古いものが、高価であるはずがない』と思っている人もいると思うんです」。棚を整えながら、恵子さんは語る。宮崎県に生まれ育った恵子さんは、高校卒業後に上京し、日本女子大の英文科に進んだ。「北澤書店」を知ったのは、一郎さんと出会ってからだ。

「古本屋という職業は生まれ育ったところには身近にはなかったですし、それも洋書専門というのはすごく魅力的だなと思ったんですよね」。恵子さんはそう振り返る。ふたりは36年前に結婚。当時は社員もたくさん働いており、仕事を手伝って欲しいと頼まれることもなかった。だが、2005年にお店を縮小し、夫婦ふたりで再出発するときには、ほとんど悩まず「自分も店を手伝おう」と決断したのだという。

「その時期はもう、とにかく主人が疲れちゃってたので、すぐに決断してますね。社員に辞めてもらうのも大変だったと思いますし、彼らが退職したあとの身の振り方まで心配したんですけど、結局非難されるわけですよ。疲れ切ってる姿は可哀想だったし、借金は残ってしまっているわけだから、『一生懸命手伝うから、もう一回やり直そうよ』と、とにかく何かしなきゃって気持ちで始めたような気がしますね」

恵子さんは経理と雑用を担当することに決め、退職する社員から経理の基礎を大急ぎで教わった。これまで一度も伝票というものを書いたこともなかったので、わからないことだらけだったけれど、どうにか2ヶ月のあいだに最低限の知識は学んだ。働き始めてみると、装飾がきれいな本が――しかし中身を読んでくれる人は現れないであろう本が――目に留まった。その何とも言えない本の魅力を誰かに知って欲しくて、バスケットを買ってきて並べてみたところ、すぐに買い手がついた。同じようなことが何度か続いたある日、恵子さんが「失礼ですけど、何にお使いですか？」と訊ねてみると、「本当なら内容で買うべきなんでしょうけど、ごめんなさい、飾りなんです」とお客さんが申し訳なさそうに答えてくれた。その言葉で、ディスプレイ用に洋書の需要があることを知った。

「だから、ディスプレイというのは、お客様に教えられて少しずつ形になってきた感じなんです」と恵子さんは言う。一郎さんが「これはもう、売れないと思う」と言った本でも、装飾がきれいなものを集めて並べておけば売れてゆく。本が売れるのはやはり楽しかった。

本のことをもっと深く知りたいと、洋書会がある火曜日だけは人に店番をお願いして、夫婦ふたりで市場に出かけるようになった。あるとき、英語の雑本が１５００冊近く、まとめて出品された。一郎さんの目から見ると、おそらく買ってくれるお客さんが見つからない本で、入札する業者は他にいなかった。ただ、恵子さんの目には、装丁がきれいで可愛らしい本に見えた。安く買えるのであればと入札すると、すんなり落札できた。何ヶ月かかけて売れたらいいなと淡い期待を抱きながら、仕入れてきた本を廊下にずらりと並べると、１ヶ月ほどですべて売れてしまった。

「そのころはディスプレイ向けに洋書を買っていく業者は他にいなかったので、出品されても誰も札を入れなければ、廃棄されてしまうんです。内容からすれば、もう二束三文になってしまったものなんでしょうけど、私が『欲しい！』って手を挙げると、装丁がきれいな本が安い値段で山ほど買える。そのうちに、『ああよかった、北澤さんが買いにきてくれた』と喜ばれるようになって、廃棄されるはずだった本が別の道で活かせるし、きれいな本を触っていられるし、売り上げが下がっていたお店の役に立つこともできる。それが楽しかったんだと思います」

夫と一緒に働くにつれ、本に対する思いも膨らんでゆく。自分では中身を味わうことができなくても、誰かが大切にしてきたものを安値で売るのはためらわれ、ストックは増える一方だった。どうやって販売したものかと途方に暮れていたところに、「お母さんが大事にしてきたもの、きっと売れるよ」と声をかけてくれたのが里佳さんだった。

「娘にそう言われたときは、とても嬉しかったです。あの子は読書家ですし、装丁のことも興味がありますし、本関係の仕事は向いてると思うんですね。もともと本に愛情をもって接することができる子です。それに、私は発色の良いものが好きで、そういう色のものを集めがちなんですけど、彼女はどんな色もセンス良く、まんべんなくまとめてくれる。若いセンスでやっていると、お客様も少しずつ若い人が増えていて。だから、娘が店を手伝ってくれるようになって、すごく助かってますね」

センスだけじゃなくて、働き者だってところも私と違うところですね。恵子さんはそう笑う。

「私はすぐ『疲れた』って言っちゃうんですけど、彼女は何も言わず、コツコツとよく働くんです。だから、一緒に仕事ができているのはすごく嬉しいんですけど、このお店だけに縛られず、娘には娘の道があるといいなと思うんです。趣味でやっているわけではないですし、維持するためにはそれなりに経費もかかる。それに、ディスプレイの仕事は在庫をたくさん抱えておく必要があるんですね。常に600キロぐらいの量を仕入れてきて、それを自分で運ぶわけです。私がここで働き始めたときはまだ45歳だったので、『私がやるわ！』と力任せにやってましたけど、年を取ってくると、こうやって本を集めることも難しくなってくる。ほんとにねえ、本って重いんですよね」

「北澤書店」は、来年で創業120年を迎える。現在の「北澤書店」は、英文学の洋書と、ディスプレイ向けの洋書、ふたつの売り上げで支えられている。「今はその二本足で立っているので、英文学だけでも立たないと思うし、ディスプレイだけでも立たないと思う」。経理を担当する惠子さんは言う。夫が引き継いで営んできたお店には、いつまでもあり続けて欲しいと思う一方で、自分たちも年齢を重ね、本が売れなくなるなかで、今後について葛藤を重ねる日々が続いている。

最近はディスプレイの話題が目立つことからか、「昔は立派な本を並べていたのに」と言われることもあるそうだ。「でも、主人の眼でセレクトされた学術書も、以前と変わらず豊富にそろっているんですよ。ご興味のある方はぜひ足を運んでいただきたいです」と惠子さんは言う。

電話の着信音が響く。「はい、北澤書店でございます」と、一郎さんが電話に応じる。どうやら買取の依頼の電話のようだ。

「内容的にはどういったものでしょう?――演劇の研究書ですか。英語で書かれたもので、ハードカバー。そうですねえ、以前は専門の一つとして扱っていたんですけども、需要が激減しまして、ちょっと難しいかもしれませんね。演劇の研究書とおっしゃいましたが、いつの時代に書かれたものでしょう?――ああ、エリザベス朝時代。その時代のものですと、昔は高かったですよね。ところが、そういったものが今は全然動かなくなって、私どもとしてもこれ以上コレクションを増やすわけにはいかないんです」

この3日間、買取をお願いできないかという電話は何度かかかってきた。今回のお客さんは、今のビルが建つ前から「北澤書店」に通ってくれていた方だとわかり、話が弾んだ。

「うちの店は、昔はずいぶん値段が高かったでしょう」と一郎さんが言うと、「ずいぶん儲けさせたと思うよ」とお客さんも笑っていたという。

「最近はね、『よく北澤書店で本を買いました』というお客様から、本を買い取ってもらえないかと連絡をいただくことが多いんです」。電話を切ったあと、一郎さんが教えてくれる。中には「北澤書店に育てていただきました」と言って連絡をくれる大学の先生もいる。

「僕が持っている知識というのはね、ほとんどお客様からの受け売りなんです。お客様から自分が知らないような話を聞くと、ああ、そうだったのかと覚えておいて、別のお客様が見えたときに『実はこうらしいですね』なんて話すと、喜んでもらえる。昔は英文学の本もよく売れたから、そういったコミュニケーションが日常的にあって、古本屋の独自の知識になる。それは学術的な知識じゃなくて、はなはだいい加減なものなんだけど、一種の街の知識ですね。お客様のほうでも、それを面白がって聞いてくれる時代があったんだ。それを文字に書いてみろと言われると、レポート用紙一枚にも満たないんだけど、その場の会話としてはいくらでも言葉が出てくるんですよね」

「北澤書店」を継いだとき、一郎さんは1日に1冊ずつ本をおぼえようと決めた。著者はどんな人で、どんな内容で、相場はどれぐらいか。1日1冊おぼえていけば、年間300日ほどの営業日で、300冊おぼえる計算になる。そのうち200冊のことは忘れてしまっても、100冊の記憶は残る。そうすると、次の年には1日5冊ずつおぼえられるようになってゆく。そうして知識を積み重ねていくうちに、既刊本に関しては、タイトルを聞けば書影が浮かぶようになったのだという。

「そうやって自分なりに拙い努力を続けられたのは、本を買ってくださるお客様がいたからなんです。だけど、今はもう、構造が変わってしまったんだと思わざるをえない。失礼なたとえになってしまうかもしれないけど、今は魚のいない釣り堀に、一生懸命釣り糸を垂らしているようなものだと思うんです。自分が培ってきた知恵をフルに稼働して全身全霊でやっていても、そこに魚はいないんだから、滑稽の図だよね」

「構造が変わったとしか思えない」。一郎さんの言葉は、単に店頭で洋書が売れなくなったことだけを意味するものではないのだろう。見知らぬものに出会い、「街の知恵」を通じて少しずつなじんでゆく。そんな経験自体が世の中から消え去りつつある。店頭での売れ行きが鈍くなり、インターネットで販売が増えているのもその一例だろう。

ぼくが生まれ育った小さな町にも、かつては小さな個人商店があり、魚は魚屋で、酒は酒屋で買っていた。でも、昭和57年生まれのぼくが物心ついたときにはもう、スーパーマーケットで買い物をする時代になっていた。八百屋で買い物をするには言葉を交わす必要があるけれど、その「手間」を省けるのがスーパーマーケットの新しさだったのだろう。

「これから50年経つと、またがらっと変わっている可能性はあるよね」と一郎さんが言う。「この数年間は特にそういうことを感じているんだけど、その上で生きていくにはどうするかってことを考えていて。それを考えるのは苦しいことじゃなくて、楽しいことでもある。これから世の中がまるで変わって、『ご破算で願いましては』と始まる可能性もあるんじゃないか。そのときに自分はどういうふうになっているのか、それを見届けたいっていう気持ちがある。そういう心づもりで、自分の生業である古本屋業を続けていこうと思っているんです」

街ががらりと変わってしまうのだとして、それを見届けたいという気持ちはどこから湧いてくるのだろう。馴染みのある風景が変わってしまうとき、それを直視するのは耐えられないと思う人もきっといるはずだ。でも、一郎さんはそれを見届けたいと語っていたし、ぼくもこの目で見届けたいと思う。

「人間には性格や好みというものがあって、そういったもののひとつかもしれないんだけど、歴史というものに感慨を持って学んでいくうちに、過去に対する興味が、今度はこれから先々のことに対する興味を含んでくるようになってくるんだね。過去の歴史として『こんな出来事があった』と書かれているけれど、実際にその場にいた人はどんなふうに感じたんだろうと思うわけ。後の時代から振り返って、大変だったねとか気の毒だったねと思いながら読んでるけど、これからだって大変なことは起こりうるわけだよね。もしかしたら、これから生まれてくる人たちが今の状況を振り返って『あの時代は大変だったんだね』と思うかもしれない。『あの時代の、特に北澤一郎って人は悲劇の人だね』って――これは仮の話ですよ、あくまで仮の話ではあるんだけど、自分が体験してみたいという気持ちがある」

一郎さんがそんなふうに考えるようになったのは、ここ最近のことだという。

「昔はね、先のことを考えるのが嫌だったんだ。もしも店の景気が悪くなったとすると、大変な思いをしながら潰さないように努力しなきゃいけないわけですよね。そういうみじめな思いはしたくないという気持ちのほうが圧倒的に強かった。でも、だんだん考え方が変わってきてね、もしも店が潰れるようなことがあるんだったら、自分が社長として決断

したいと思うようになったんです。どんなに口汚く罵られようとも、それは自分の責任なんでね、店とともに消えていくというのであれば納得できる。そういう心情になったんです」

あくまで仮の話で、今の段階で店を閉めようと考えているわけではまったくないんですよ？――そう笑いながら、一郎さんは話を続ける。

「昔はね、店を閉めるのは格好悪いことだと思ってたんです。どんなに貧乏をしたって、店だけは張っておくのが俺のプライドだと、そういう考えを持っていたんです。それが今、自分のプライドというのはそういうものではないと気づきつつある。もしも店を閉めるときが来るのであれば、それは自分で閉めようと、そういうふうに思っています。閉めざるをえなくて閉めるのか、まだ閉めなくてもいいんじゃないかという余地を残して閉めるのか。そのへんのところはわからないけど、閉めるのであれば自分が決めて、自分でやめる。さっきも言ったように、現時点ではまだ店を閉めるつもりはないし、家内も娘もいるからひとりだけでは決められないんだけど、他人の力でやめさせられるってことはしないつもりだっていうことです。もしも閉店ということになればね、言われるに決まってるんですよ。『120年続いた店を、お前が潰すのか』って。だけどね、これまで携わってくれたみなさんの思いを背負った上で、俺と家内と娘が納得いく道を進みたいと思っているんです」

どこからこんな話になったんだろう。一郎さんは笑いながら、お店の業務に戻ってゆく。せっかくだから洋書を買おうと決めて、棚をじっくり眺める。文学の棚には、箱入りの本がずらりと並んでいて、その中にナサニエル・ウェストの『ミス・ロンリーハーツ』があった。それはファースト・プリントをリプリントしたものだと、一郎さんが教えてくれる。この小説のことを、恩師が「すべてのアメリカ小説の中で、私が一番好きな作品」と書いていたことを思い出し、買い求めることに決めた。

お店をあとにして、「三省堂書店」に立ち寄る。『ミス・ロンリーハーツ』は、『孤独な娘』と題した丸谷才一の翻訳が岩波文庫に入っていたはずだから、その翻訳をあんちょこにしながら原書を読もうと思っていたけれど、もう品切れになってしまっているようだった。辞書を引きながらだと、生きているうちに通読できるかどうか心許ないところだけれども、どうにか一生かけてこの一冊を読み切りたいと思う。

古書みすみ

2月25日（木曜）

平日の朝、中央線の下り電車には乗客の姿がまばらだ。武蔵小金井駅の中央改札を抜け、北口からバスに乗り込む。「発車します。おつかまりください」。アナウンスが流れると、扉が閉まってバスは動き出し、新小金井街道を進んでゆく。車窓には戸建てが目立つ。ローソンも駐車場つきだ。プール前というバス停を降りると、「古書みすみ」がある。

11時過ぎ、店主の深澤実咲さんがシャッターを上げる。店名を記した青緑色の看板を出し、表に均一棚を並べて、店内にモップをかける。開店作業をしていると、バイクが停まり、郵便が届く。「あの、レターパックってあったりしますか？」と深澤さんが訊ねると、「今はないんですけど、午後でもよければ」と配達員さんが答える。切手やレターパックなどは、こんなふうに配達員さんから買うことができるのだという。

「今日はめちゃくちゃ暇だと思うので、地味な仕事をやってると思います」。深澤さんはそう言って、まずは届いたばかりの郵便物を開封する。中に入っていたのは、東京都庭園美術館で開催される「20世紀のポスター［図像と文字の風景］―ビジュアルコミュニケーションは可能か？」展のチラシだ。気になる展覧会があれば電話をかけ、チラシを置かせてもらえないかとお願いする。わざわざ郵送してくれる美術館は少ないけれど、今回は送ってもらえたのだという。

チラシを店頭に置くと、本の値付けに取りかかる。足元には丸椅子が置かれていて、その上には激落ちくんのスポンジとセロテープ、らっこのセロテープ台にセットされたマスキングテープ、水を入れた霧吹きと、「ラベルはがし風神」というスプレーがコンパクトに並んでいる。布に「ラベルはがし風神」を染み込ませて本を拭き、汚れを取り除く。ラベルをはがすときだけでなく、汚れもきれいに落とせる。ダメージのある本や高価な本は、表紙を一旦外して、表紙にビニールを巻く。ビニールシートも足元に用意されており、ハサミですうっと一直線に裁断する。どこか懐かしい感じのする、黄色いハサミだ。

「なんかちょっと、お道具箱って感じのハサミですよね」と深澤さん。「このハサミは10年ぐらい使ってます。買ったときはもっとオレンジ色だったんだけど、色褪せてきて。たしか100均で買ったやつで、別に使い勝手がいいわけでもないんですけど、実家からこれだけ送ってもらって今も使ってます」

深澤さんは1994年長野県生まれ。小さいころから本をたくさん読んでいたというわけではなく、夢中になったのは読書よりも映画だった。

「映画は中学3年生ぐらいから好きで、休みの日は映画館に行くことが多かったですね。地元にちょっと変わった映画館がひとつあって、そこによく映画を観に行ってたんですけど、学生だとあんまり入れなかったりするんです。観たい映画が観れなくて、ときどき高速バスで東京まできて、映画を観てから帰ったりしてましたね。二十歳を超えたあたりからは、それまで観れなかったぶん、めちゃくちゃ観るようになって。今でも店を閉めたあとは、映画を観てることが多いです。たまに仕事中にも、今日帰ったら何観ようかって調べたりしちゃいます」

高校を卒業すると、地元の専門学校に通ったのち、上京。ただ、「映画がたくさん観られるから」と上京したわけでもなく、これという明確なきっかけがあったわけでもなかったのだと深澤さんは振り返る。

気づけばお昼時で、近くのラーメン屋には行列ができている。ひとりで切り盛りしていると、お昼を食べに出かけるわけにもいかないけれど、もともとあんまりお昼ごはんは食べない生活だったから別段困らないのだと、深澤さんは言う。

「上京してから、お米をまったく食べなくなりました。朝はもう、米と納豆とお味噌汁みたいな家だったんですけど、そこで米を食べ過ぎたせいなのか、今は食べなくなりました。でも、お菓子が食べたいなと思ったら、お客さんがいないタイミングで店を閉めてコンビニに行っちゃうんですけど。あそこのローソンでいつもコーヒーを買うので、よくいる店員さんがレジにいると、こっちが注文しなくても『コーヒー?』って言われます」

お店の前を、何台も自転車が通り過ぎていく。近くにコートがあるのか、ラケットをかごに積んだママチャリをよく見る。深澤さんは本をぱらぱらとめくり、2Bの鉛筆で値段を書き込み、すぐに棚に並べてゆく。

最初に古本屋で働いたのは、二十歳のころ。深澤さんはそのころ高円寺に暮らしており、近所にあった「古書サンカクヤマ」でアルバイトを始める。

「その当時から、ぼんやりとではありますけど、ゆくゆくは自分でお店をやりたいと思っていたんです。それで、たまたまサンカクヤマの前を通りかかったときに、ああ、本屋だと思って中に入って。女性一人でやっているし、ここで働かせてもらえたら何か得るものがあるんじゃないかと思って、履歴書を書いて持っていったんですね。アルバイトの募集とかが出てるわけじゃなかったんですけど、『募集してなかったらいいです』みたいに、突然お願いして。そこで『じゃあ、来月ぐらいから』と言ってもらえて、サンカクヤマで働き始めたんです」

「古書サンカクヤマ」で働きながら、深澤さんは「八重洲ブックセンター」でもアルバイトをしていた。3年近く働いたところで、「八重洲ブックセンター」の契約社員にならないかと誘われたものの、就職して定時で働くより古本屋の世界のほうが魅力的に感じられ、誘いを断ったという。

「古本屋で働いていると、同業者に面白い人が多かったんです。当時はまだ二十歳ぐらいでしたけど、一角文庫の前原さんと一緒に催事（古本市）に出たときに、店番をしている目の前で高い本が売れていって、『これだからやめられないんだよ』って楽しそうに話していて。そんな楽しそうな感じを、自分はそれまで味わったことがなくて、いいなあと思ったんですよね。それで店主に『いつか自分でもお店を開きたいです』と話したら、市場にも連れて行ってもらえるようになったんです」

「古書サンカクヤマ」で働いていたころ、店主の粟生田《あわうだ》由布子さんから花小金井の「秋桜書店」を紹介され、仕事を手伝っていたこともある。店頭販売をおこなっていない「秋桜書店」で手伝うのはネット販売の仕事だった。「古書サンカクヤマ」では店売りのよさを、「秋桜書店」ではネット販売のノウハウを学んだことが、今の自分の基礎になっていると深澤さんは振り返る。

「サンカクヤマの店主の他にも、自分が古本屋になりたいと思うきっかけになった人が何人かいて、いろんなところに影響されながら古本屋になった感じです。秋桜書店に通っているうちに、武蔵小金井のあたりも良さそうだなと思って、自分の店を始めるときにも武蔵小金井で物件を探したんです。家賃も三鷹を越えると一気に安くなるし、うるさくなくていいな、って。ただ、武蔵小金井に限らず、内見情報が出ればとりあえず見に行ってたんですけど、尾花屋さん［新小金井にある古本屋］がここで前に店をやっていた人と知り合いで、『あそこの物件、空くらしいよ』と教えてくれて、すぐに借りることに決めたんです」

その物件は、かつてデザイン事務所として使われていた場所で、その前は工務店、さらに遡れば八百屋だったそうだ。近くにもう一軒八百屋があり、銭湯もあるのだという。知らない街を訪れると、駅を中心に捉えてしまう。でも、駅から少し離れたこの場所も、暮らしている人たちからするとひとつの中心だったのだろう。

昼下がり、小学生が下校してゆく。信号を渡ったところで別れ、「またねー!」と手を振りながら、半袖姿の子が走り去る。郵便局の車が停まり、午前中とは別の配達員がやってくる。

「ゆうパック、使ってもらえそうですか?」

「ちょっとずつ使う機会は増えてるんですけど、200個まで増えるかどうか——」

日本郵便には大口契約と中小口契約、2種類の特約契約があり、ゆうパックであれば年間200個以上発送すると「中小口契約」が可能で、送料が少し割引になるのだという。あくまで最初はトライアルということで、もし200個に届かなくてもペナルティがあるわけではないので、試してもらえたらと、帰り際に、「ちなみに、実咲さんが社長さんなんですか?」と配達員が確認していた。

「お店をオープンすると、けっこう営業の人がきますね」と深澤さん。最初にきたのはダスキンで、朝使っていたモップもダスキンのものだ。さきほどの配達員も、帰り際に「ちなみに、実咲さんが社長さんなんですか？」と確認していたけれど、店主ではなく店員だと勘違いされることも少なくないという。

「営業の人から『店主の方はいついますか？』と聞かれることは多いですね。営業を断りたいときは、『今、ちょっと店主がいないので』って、言い訳に使ってます。店をオープンするときも、告知はギリギリまでしてなかったんですよ。初日にたくさん人に来られるのも好きじゃなくて、知り合いにしか伝えてなくて。でも、わりと初日にお客さんがきてくださって、手伝いにきてくれてた人たちに店番を任せて、私は買い出しに出かけてました。自分が店主だと思うと、恥ずかしくなっちゃって。最近やっと、なんとなくは自分が店主だと思えるようになってきましたけど、『私が店主なんで！』みたいな気持ちは全然ないんです」

現在の物件を借りたのは2020年10月1日のこと。開店に向け準備をしているあいだ、表に「11月中旬オープン」とだけ貼り紙をしていた。実際に開店にこぎ着けたのは11月22日だった。住宅街ということもあり、日中は若い世代のお客さんは少ないが、シニア世代のお客さんがちょこちょこ立ち寄ってくれる。

「こないだの地震で、こけしは倒れませんでしたか？」常連のお客さんが訊ねる。

「全然大丈夫でした」と深澤さん。「こけしは怖いから、早く売れて欲しいんですけど、

全然売れないんですよね」

「古書みすみ」の棚には、こけしが13体並んでいる。カッパのお皿のように、頭頂部にピッと値札シールが貼られている。てっきりこけしが好きで並べているのかと思いきや、買い取って欲しいと持ち込みがあり、並べているのだという。自分が店主ではあるけれど、自分の好みだけで棚を並べているわけでもないのだと教えてくれた。

「ちょっとはこだわりがありますし、『こういう本は置きたくない』とかっていうのはありますけど、自分の好きなジャンルだけ並べてるわけじゃなくて。映画関係は好きで並べてるところもありますけど、料理や手芸の本はあんまり得意じゃないから、開店に棚を作ってるときは大変でした。でも、その棚を作ったおかげで、結構料理や手芸の本の買い取りが入るようになったので、並べてよかったなと思います。自分のこだわりで店をやりたいというより、地域の本屋になれたらいいなと思っているので」

外では日が傾き始めており、深澤さんは表の電灯をつける。母子が自転車で通り過ぎてゆく。「父ちゃん、待ってるって！」と母が叫ぶように言う。「どこでー？」少し前を走る子が振り返る。「ファミマんとこ！」と母が声を張り上げる。17時を過ぎると人通りが減り、客足も途絶える。仕事帰りのサラリーマンはバスで帰途につくせいか、スーツ姿のお客さんが来店することは滅多にないという。

「こないだ、雪が降った日があるじゃないですか」と深澤さんが切り出す。その日はちょうど、前回「北澤書店」にお邪魔していた日だ。

「あの日は朝から雨だったんですけど、店を開けてすぐ雪になって。こっちで雪が積もり始めたころになって、下北沢や高円寺でも『雪になりました』って言っていて、やっぱり西に行くにつれて変わるんだなと思いました。あの日は誰も歩いてなくて、ずっとここに座って、外の雪を見てました」

深澤さんは帳場に本を広げ、消しゴムをかけている。書き込みアリの本が入ってきたので、ページにダメージを与えないよう、慎重に消していく。知り合いの古本屋には、この作業で腱鞘炎になった人もいるという。

「そこに並んでいる本は、全部書き込みがあるんです。もう、どうしよう」。そうぼやきながら、日が暮れた店内で、深澤さんは本に消しゴムをかける。

2月26日（金曜）

朝8時、東京古書会館にたどり着くと、そこにはもう人の気配が満ちている。金曜日には毎週、「明治古典会」という古書交換会が開催されており、深澤さんは経営員として働いている。経営員とは、交換会を運営するスタッフである。集合時間は朝の9時だけれども、経営員の9名は8時過ぎにはもう到着していて、ゆるゆると仕事を始めている。

古本屋の仕事がこんなに朝早くから始まると知っている人は、世の中にどれだけいるだろう。この時間に東京古書会館に到着しようとすると、満員電車に揺られることになるのだろうか。

「昔は混んでましたけど、コロナになってからはだいぶ空いてます」と深澤さん。「今日も座れはしなかったけど、立っているのは数人ぐらいで。でも、最初の緊急事態宣言のときはほんとにガラガラでした。あのとき、電車も座席を一個空けて座るみたいな、変な風潮がありましたよね。友達と電車に乗って、立ったまま話をしていたら、『お前ら、コロナが感染るだろ！』って怒られたこともあるんです。マスクもつけてたし、騒いでいたわけでもなかったのに、いきなり怒られてびっくりしました。ツイッターとかでそういう体験談を読んではいましたけど、こんなこと、ほんとにあるんだって。水曜日と金曜日にしか遠出しないので、外の世界の様子がわかるのはその2日だけです」

深澤さんは水曜日の東京資料会と金曜日の明治古典会で経営員をしている。だから、水曜と金曜は「古書みすみ」の定休日だ。つまり、深澤さんは交換会が休みになる日以外は毎日働いていることになるけれど、仕事が大変だと感じることは滅多にないという。

古書交換会が開催される3階と4階では、経営員の皆で準備が進められている。カーゴには「出品」と書かれた札を貼られた本の束が積まれている。札には「市会」「月日」「氏名」を記入する欄があり、それぞれ「明治古典会」「2月26日」「××書店」と出品者名が書かれている。このまま出品すると誰が出した本かわかってしまうので、経営員は出品明細書という資料と照らし合わせ、入札用の封筒がついていることを確認したあとで札を剥がし、くしゃっと丸めて床に捨てる。何かの拍子で札が外れてしまったのではなく、確認済みだとわかるように、あえてくしゃっと丸めて捨てる。

フロアの一角に、まだビニール紐で縛られていない本の山があった。通常、古書交換会に出品される品物は、古書店主が自分で仕分け、市場に運ばれてくる。ただ、大量の買い取りがあったときなど、自分のお店では捌き切れない量の本を入荷した場合、その本を古書会館に搬入し、いくらか手数料を支払って、仕分けを市会に委ねる場合もあるのだという。

「ほんとに量が多いときだと、自分の店でやるよりも、市場でやったほうが広くて作業しやすいんですよね」と深澤さん。こうして市会が仕分けを任されるときは、ベテランの経営員が高価な本を抜き、それは1冊だけで出品するように手配する。残りの本を、他の経営員たちが仕分けして、入札されやすそうな口にまとめ、ビニール紐で縛ってゆく。今回は量が多かったこともあり、昨日のうちから仕分けがおこなわれていたのだという。

「お、『ボブ・ディラン全詩集』だ」。本を仕分けていた「十和堂」さんが言う。「これなんか、1冊でも行けそうだけどね。アカデミー賞かなんか獲ったとき、結構売れたらしいんだよね」

「アカデミー賞じゃなくて、ノーベル賞ですよ」。隣で聞いていた深澤さんが笑う。「でも、私も、1冊だけで出てて、札が入ってるのを見たことあります」

体を回転させながら、本をビニール紐で縛り、トン、と本を揃える。入札用の封筒に、品名と番号を記入する。封筒には複写用紙が付いていて、複写用紙は剥がして一箇所に集めておき、封筒のほうは本の束に挿しておく。

「十和さん、これ書いたの誰かわかる?」

複写用紙を手に、北澤里佳さんが「十和堂」さんに訊ねる。封筒と物とが一致せず、誰が仕分けたのか探しているようだ。

「おーい、竜!」。「十和堂」さんは「ボヘミアンズ・ギルド」の夏目竜さんを呼び、「これさ、誰の字かわかる?」と訊ねている。

「このへんやってた人だと、二手(舎)さんじゃない?」と竜さん。

「いや、二手ちゃんの字じゃないな。汚さで言うと竜なんだけどな」

出品される本がカーゴからテーブルにどんどん積まれてゆく。今日は大量の出品があり、テーブルだけでは足りなくなってくると、「ヨーカン、出しちゃおう」と、バックヤードから臙脂色の置き台を運び出す。床に直置きするわけにもいかないので、このヨーカンと呼ばれる箱を部屋の端に並べて、そこにも本を積んでいく。

空調の音が低く響く。2月の終わりだというのに、暖房ではなく冷房がつけられている。経営員の仕事は力仕事で、冷房をかけていても汗ばむほどで、半袖で作業している人の姿もある。

経営員は皆、揃いの紺色のエプロンをつけている。胸元には、たとえば「明治古典会／北澤書店／北澤里佳」といったふうに、店名と名前が刺繍されている。自分でお店を開業する前に入会したこともあり、深澤さんのエプロンにはまだ名前が入っていない。花粉が飛び始めているせいか、あちこちからクシャミの音が聴こえてくる。「ボヘミアンズ・ギルド」の夏目竜さんは、エプロンのポケットに箱ティッシュを入れている。

「実咲ちゃん、西脇順三郎全集っていけるかな？」

「どうなんだろう。全部揃ってるんですか？」

「全13巻らしいんだけど――俺、この数字は読めねえんだよな」

「私も読めないです」。ふたりの手元にある西脇順三郎全集には、アラビア数字ではなく、Ⅸ、Ⅹ、Ⅺとローマ数字で巻数が表記されている。こんなふうに言葉を交わしながらも、手を休めることなく、作業を続ける。11時22分、ピンポンパンと音が鳴り、アナウンスが流れる。「明治古典会の北澤さん、明治古典会の北澤さん。1階受付までお越しください」。アナウンスを聞くと、北澤さんと深澤さんはエレベーターに乗り、1階まで降りてゆく。受付に行ってみると、お弁当が運ばれてきたところだ。

明治古典会は、幹事と経営員にお昼のお弁当が出る。ちょっと豪華なお弁当で、それが慌ただしい一日の楽しみになっている。お弁当を用意するのは、一番新入りの深澤さんの仕事だ。今日のお昼は、北澤さんの友人であり、神楽坂で「くすだま」という居酒屋を営むご夫婦に、今は飲食店も厳しいだろうからと特別にお弁当を作ってもらったそうだ。

「こっちがお肉系で、こっちがお魚のお弁当です」。差し出されたお弁当は、かなり豪華な内容だ。肉系のメインは豚の生姜焼きで、魚系のメインは鯖の塩焼き。メインの他にも、おかずは盛りだくさんだ。

「すごい、どっちもシュウマイが入ってる」

「ハンバーグも両方入ってるよ」

「ホタルイカの沖漬けと、ポテトサラダもある。めっちゃ美味しそう」

「どっち選ぶか迷うね」

やっぱりお肉系がいいかな。でも、8個ずつしかないから、隠しておくとバレちゃうな。北澤さんは残念そうに言いながら、会議室に弁当を並べる。「私たちがお弁当について話していたこと、書かないでくださいよ」と笑いながら、4階の仕事に戻ってゆく。

てきぱき働く深澤さんに、「今日はやる気すごいね」と経営員の誰かが言う。また別の誰かが「毎週取材してもらったらいいんじゃない?」と言う。一瞬の間が流れると、「ごめんごめん、怒った?」と、茶化したふたりが申し訳なさそうに謝り、「やさしい」と深澤さんは笑みを浮かべる。

「明日、皆の態度がいつもと違ってたらどうしよう」。昨日の夜、深澤さんはそんな不安を口にしていた。今まで一度も怒られたことがないけれど、皆が急に厳しくなってたらどうしよう——と。そんなことを心配する深澤さんの様子から、会の雰囲気のよさが伝わってきた。普段は厳しく接してくる職場の上司が、第三者の目が入ることで、急に優しく接してくる。それはありふれた話だけれども、深澤さんはまるで反対のことを心配していた。

和気藹々と作業が続き、どうにか古書交換会が開場時刻を迎える正午までに出品作業を終えることができた。ホウキで掃除をしていると、少し早めに到着した古本屋が、さっそく品定めを始めている。ここから開札が始まるまでのあいだは、短い休憩時間となり、会議室でお弁当を食べる。食事を終えたあと、何人かは会議室に残って談笑している。

「最近、一人暮らし始めたんですよ」

「家賃、いくらだっけ？」

「×万です」

「そんないいとこ住んでんの？」

「え、××さんはいくらですか？」

「俺、学生時代に住んだのは家賃5万円の寮だったから。メシは3食ついてるし、風呂とトイレもあるけど、2畳しかない寮だったから、『いつかここを出て、もっといい部屋住んでやる』と思ってたんだよね」

明治古典会は古くから続く古書交換会だ。経営員として働いているメンバーも、老舗の

3代目や4代目が多く、自分で独立して古本屋になったのは深澤さんの他にはひとりだけだ。

「最初に経営員になったのは、東京資料会なんです」。深澤さんは言う。「2019年の夏、ちょうどサンカクヤマの社長が経営員を辞めるタイミングだったから、『じゃあ交代で入れば？』と言ってもらえて。資料会は自分で独立してお店を始めた人のほうが多いんですけど、そこで働いているうちに、自分で古本屋を始めた人の話だけじゃなくて、継いでいく人の意見も聞きたいなと思うようになったんです」

東京資料会は学術書や行政資料などが並ぶ会であるのに対し、明治古典会には明治時代の初版本や直筆原稿、書画や蒐集品が並ぶ。深澤さんは美術書が好きで、明治古典会の経営員になれば、学べることもたくさんありそうだった。明治古典会に入会できないかと相談したのは、2019年の冬のこと。晴れて入会が叶ったのは去年の夏だ。

「明治古典会の経営員だと、同い年がふたりいるんです。夏目君と紅谷さん。夏目君は古本屋になってまだ2年目ぐらいらしいんですけど、美術専門店の息子だから、すごく詳しくて。紅谷さんも、扱ってるものがすごく面白くて、あのふたりは同い年として尊敬できるし、頼りになります。2代目、3代目の人たちは、在庫も資金もある状態から古本屋を始めるから、スタートラインは結構差があるなとは思うんですけど。夏目君も紅谷さんも、お父さんもまだバリバリ現役でやってるんですけど、ふたりとも雇われてる息子感がないんですよね。私だったら、もっと親に甘えちゃうと思うんですけど、自分の意志で継いでいる感じがして。それはほんとにすごいなと思うし、自分とはまったく違う古本屋の話を聞けるのが面白いです」

お弁当を食べ終えると、皆、古書交換会が開催されるフロアに戻る。経営員も入札は可能だから、気になる本があれば札を入れる。1秒の狂いもなく、13時半ぴったりに、「時間になりましたので、開札を始めます」とアナウンスが流れる。まずは4階の開札だ。経営員には茶色いお道具箱と、紙、セロハンテープ、それに輪ゴムが配られる。間違いのないように、お道具箱の上で封筒を開け、札の金額を見比べて、一番高い金額と入札者を紙に書き、本の束にテープで貼り出す。札を封筒にしまい直すと、封筒の表にも一番高い金額と入札者を記し、次の山を開札する。

お道具箱の使い方に、性格が滲んでいる。北澤さんは、輪ゴムをお道具箱に何本も通して、そこに封筒やセロハンテープ台を固定し、整理整頓が行き届いている。輪ゴムはまったく使わず、ぐしゃぐしゃのまま開札を進める人もいる。開札の終わった封筒は、「小宮山書店」さんが回収してまわる。開札が始まって10分ほど経つと、「発声を始めます」とスピーカー越しに声が聴こえてくる。「池袋モンパルナス5本口、××円で、××さん」と、どの山を誰がいくらで落としたのか、ひとつひとつ読み上げられていく。

札には少なくとも金額がふたつ記されている。

1万円未満の金額を書く場合、金額をふたつ書くことができる。これを「2枚札」と呼ぶ。5000円と8000円と書いたとして、他の入札者の札が5000円未満であれば、下値の5000円で落札できる。ただし、6000円と書いた札が入っていると、上値の8000円で落札することになる。金額に応じて書ける金額は増え、1万円以上10万円未満であれば3枚札、50万円未満であれば4枚札、100万円未満は5枚札と上がっていき、1000万円以上の8枚札が最大の札となる。

開札作業をしていると、誰がどの品にいくらの金額を書いたのか、すべて知ることができる。「これに皆、いくら入れるんだろう?」と気になる品があれば、自分で開けてみることができる。

「経営員になったばかりのころは、とにかく間違えないようにってことしか考えられなかったですけど、札を見ると勉強になります。自分が『すごく良い口だ』と思って、それなりの金額を書いて入札したのに、他の人は全然安い値段しか書いてなかったり、自分には売り物になると思えないような口に10万円以上の金額が書かれてたり。まだ知らないことがたくさんあるので、勉強になりますね」

開札が始まると、多くの店主たちが、自分が入札した口を確認している。自分が落札できなかったとしても、誰がいくらで落札したのかチェックしている。印象的なのは、隅から隅までくまなく見てまわっている店主もいたこと。その店主たちのお店の名前は、さきほどから何度もスピーカー越しに聴こえてくる。つまり、たくさん落札できている。入札した数がそもそも多いのかもしれないけれど、落札金額をくまなくチェックしていくことで、この山はいくらなら落札できそうか、感覚が研ぎ澄まされてゆくのだろう。

「ただいま4階の開札が終了しました」。時刻は14時53分、このアナウンスで短い休憩時間となる。深澤さんはロッカーフロアの給湯室からお水とお茶を運んできて、テーブルに並べている。開札時間ぎりぎりまで、店主たちが品物を吟味し、札を入れている。4階よりも3階のほうが貴重なものも多く、静かな中にも白熱した空気を感じる。

「時間になりましたので、開札を始めます」。そうアナウンスが流れると、15時10分、3階の開札が始まる。

「お前の字、6と8が区別つかねえんだよな」

「漢数字で書きましょうか?」

「いやいや、そういうことじゃない。なんか、見ようによっては8が4にも見えんだよな。今度うちの娘が使ってる数字の練習帳やるよ」

「屈辱だなあ」

そんなふうに軽口を叩きながらも、手をとめることなく作業は続く。今日は直筆原稿もたくさん出品されており、開札が済んだ品物はOPPで包まれる。早朝から働きづめだというのに、誰ひとりサボっている人はいなかった。歴史ある明治古典会の経営員である以上、サボるわけにはいかないという気持ちもあるのだろうか。

「たしかに、明治古典会は老舗の古本屋さんが多くて、格式が高い感じもあると思います」と深澤さん。「もっと出品数が少ないときだと、高い値段で入札された本があったら皆で見にいくとかもあるんですけど、サボっていても帰りが遅くなるだけなんで、基本的に皆、ちゃんと仕事をしてると思います」

16時を過ぎると、開札も終わりに近づく。開札が終わった棚を移動させて場所を作り、そこに長机とパイプ椅子が運び込まれてくる。今日は月末特選市で、最後に振り市が開催されるのだ。振りにまわされるのは貴重な品物である。老舗の店主たちも姿を現し、少しぴりっとした空気を感じる。経営員がパイプ椅子を並べ終えると、皆、思い思いの椅子に陣取る。店主たちには番号が書かれたプラスチックの札が配られる。

「なんでこんな近くに来るんだよお」。目の前の椅子に座った店主に、別の店主が冗談めかして言う。「プレッシャーかけにきたんだよ」。言われたほうの店主も、笑いながら返す。「いざとなったら、これでパシッと行っちゃうよ?」札をパシパシ鳴らし、振りが始まるのを待っている。

ハの字型に長机が並べられ、そのあいだに演台が配置される。演台に、今週振り手を務める紅谷大鷹さんが立つ。紅谷さんから見て左側に深澤さんが立ち、セリにかけられる品物を掲げている。さらに左側にテーブルが置かれ、記録係が落札者と落札金額を書き記す。

その反対、紅谷さんの右側には、「司書房」・中野さんと「二手舎」・東方さんが札を持って座っている。ふたりは自分で振りに参加している——のではなく、代理で札を挙げている。振りに出品される商品にも置き入札用の封筒が置かれており、この時間まで会場に残れない場合、そこに札を入れておくと、このふたりが代理で振りに参加してくれるのだ。

「皆様、大変長らくお待たせいたしました。これより特選振り市を始めさせていただきたいと思います。よろしくお願いします」。紅谷さんの挨拶に、会場から拍手が起きる。「さっそく行かせていただきます。有元利夫作品集、表紙、ドローイング入り。こちらは2千円から！」。すぐに会場から「9万円！」と札が挙がる。別の場所からさらに声が出る。どちらかが札を下げない限り、ここからは自動的に金額が上がり続ける。紅谷さんはふたりを交互に指しながら、金額を上げてゆく。片方が札を下ろしたところで、その一つ手前の金額で落札となる。木槌をカン！と叩き、「××万円で、××さんです」と告げ、次の品物に移る。

「会員さんたちからすると、金額が上がれば上がるほど盛り上がるんです」。会が終わったあと、深澤さんはそう語っていた。「でも、商品を掲げている側からすると、自分の手元にあるものがどんどん高くなっていくから、怖いんですよね。一回、200万ぐらいまで行ったときはもう、手を離したくなりました」

みるみる上がっていく金額に、固唾を飲む。振り市では、どこに座るかも大きなポイントだ。一番後ろに陣取れば、誰が札を挙げているか一望できる。反対に、最前列に座り、後ろの人には見えないように小さく札を挙げ続ける人もいる。勢いよく札を掲げる人もいれば、腕を組んだままひょこっと札を出す人もいる。そこに人柄が滲み出る。競争相手を諦めさせようと、ポンと高い金額を言う人もいる。置き入札のときには、一見するとなごやかな空気にも見えるけれど、振りだとむきだしの真剣勝負だ。代理で札を挙げているふたりも、重圧を感じているのだろう、札を下ろすときには悔しそうな顔になる。

41点の品物がセリにかけられ、30分ほどで特選振り市は終了となる。

「今日は41点でしたけど、80点ぐらい振りに出ることもあるんです」。深澤さんが教えてくれる。「今日の紅谷さんともう一人がひと月ごとに交代で振り手をやるんですけど、数が多いときはふたりが途中で交代して、ひとり40点ずつ振ったりすることもあります」

振りが終わると、店主たちは三々五々に去ってゆく。車で来場していた人や、落札した数が少ない人は自分で運び出しているけれど、組合が手配するルート便に配送を任せている店主も多い。落札された品物を、落札者ごとに整理してカーゴに積むのも、経営員の仕事である。通路はカーゴで塞がっているので、時に机を乗り越えながら、本を運んでゆく。本を何度も積み降ろすのもかなりの重労働で、経営員になってすぐのころは筋肉痛になっていたけれど、「重くても積めばいいだけなので、もう慣れました」と深澤さんは笑う。ビニール紐を掴み、タン、と本を積み上げる。素人目にはなかなか大胆な運び方に見えるけれど、角が潰れたりすれば落札者からクレームが入るわけだから、どの程度までなら大胆に扱っても大丈夫なのか、加減を心得ているのだろう。

今日の交換会に出品された数は850。850冊ではなく、850口である。それだけの数を1日で捌くとなれば、そろそろ運んでいたのではとても追いつかないだろう。あらためて、ここは市場なのだと感じる。

「たしかに、古本屋って言うと文化系のイメージがあると思うんですけど、意外と力仕事だし、市場に入ってみたら体育会系な感じで、部活っぽさもあります。中学・高校のときは部活の雰囲気が苦手で、『皆で協力して頑張ろう！』みたいな感じが嫌だったから、高校のときは帰宅部だったんです。でも、市場に入って、やっと変わりました。いろんな年代の人がいるってことも大きいと思うんですけど、皆で同じ仕事をやるのって面白いんだなって思えるようになったんです」

本をすべて運び出し、掃除を終えたのは18時半。「2日間にわたって、ありがとうございました」。主任の「水たま書店」さんが、今日の出品点数と取引額を報告する。今日1日でそんな金額が動いたのかと驚く。

「以上、お疲れさまでした」。挨拶が終わり、散会となった。古書会館を出ると、台車を押して歩いてくる人の姿があった。月曜日に開催される中央市会に出品する古書店主が、もう品物を搬入している。今日のような古書交換会が、月曜から金曜まで毎日開催されている。膨大な量の古書が搬入され、落札され、搬出されてゆく。それが毎日のように繰り返されている。

駅に向かう途中に、床屋があった。店内にはお客さんがおらず、店員さんがぼんやりテレビに見入っている。その画面には、「緊急事態宣言一部解除へ」とテロップが表示されていた。

2月27日（土曜）

11時12分、定刻より少し遅れてシャッターが上がる。開店作業を終えると、「昨日はめっちゃ疲れました」と深澤さんは笑う。「だから、今日は座りながら作業をします」と椅子に腰掛け、本の値付けに取りかかる。

「古書みすみ」を開業する前から、深澤さんは経営員として働いていた。「古書サンカクヤマ」で働きながら経営員をしていたときにも、市場に行くと学ぶことは多かったけれど、独立すると話しかけてもらえる頻度が増えた。

「市場や催事に行くと、一口に古本屋と言っても、いろんなタイプの人がいるんだなって、あらためて思いますね。結構キャラの濃い人も多いですよね。古本屋で働き始めてまもないころに、『TOKYO BOOK PARK』って催事にサンカクヤマが出ることになって、古書信天翁さんと丸三文庫さんと一緒のブースで売ってたんです。そのとき、信天翁さんと丸三さんが昼間からビールを飲んでたりして——最初の印象はすごい真面目そうなイメージだったんですけど、穏やかで面白い人なんだなって、そのとき思ったんです。あのふたりには、古本屋になりたてぐらいのときにお世話になりました。丸三文庫の藤原さんは、こないだうちのお店に遊びにきてくれたんですけど、最初に知り合ったときで時間が止まってて、『あれ、今22歳とかだっけ?』と言われて(笑)。でも、私の中でも、他の古本屋さんたちの年齢って最初に会ったときのまま止まってるんですよね」

深澤さんは今年で27歳になる。老舗や2代目や3代目ではなく、自分でお店を始める20代の店主は——それも女性店主は珍しく、時に色眼鏡で見られることもある。でも、「古書みすみ」は、とてもオーソドックスな古本屋という感じがする。

「お店をオープンしたときに、どうしても『若い女性店主が古本屋を始めた』って紹介されることが多かったんです」と深澤さん。「『若いのに頑張るね』とかだったらいいんですけど、もう若くもないし、そこを売りにしてるつもりもなくて。すごく失礼なお客さんから『若い女性がやってるって聞いたから、あんまり期待してなかったけど、意外とちゃんとしてるんだな』と言われたこともあって。ちゃんとできてるかはわからないですけど、普通の本屋をやりたいとずっと思っていたんです。町の書店ぐらいの感覚でやりたかったから、オーソドックスな古本屋と言われると、すごく嬉しいです」

今日は休日とあり、ときおり家族連れのお客さんも来店する。店内の棚は、ベビーカーでも通れる広さに配置されている。常連客の女性がやってきて、「昆虫の本はあるかしら？」と深澤さんに訊ねる。お孫さんからリクエストされて、探しにきたという。

「これはバッタの本で、こっちがカマキリの本です」。深澤さんは棚から本を抜き、お客さんに手渡す。

「どっちがいいかしら。あなた、カマキリって見たことある？」

「田舎に住んでたんで、見たことあります」

「そう。どっちにしよう。せっかくだから2冊とも買っていきます」

お客さんに混じって、ぼくも店を眺める。写真関係の棚に、ぎっしりと説明書きが添えられた本が目に留まった。『PROVOKE』復刻版である。多木浩二、中平卓馬、高梨豊、岡田隆彦を同人に、1968年に創刊された伝説の写真雑誌である（のちに森山大道も同人に加わる）。深澤さんが手書きで記した説明文をここに書き写す。


〝プロヴォーク〟は現在、大変入手困難な稀覯本となっており、一部の古書愛好家だけが所有している程、とても価値・評価の高い資料として扱われています。市場では全3冊どころか、1冊が出回ることも滅多に無く、1冊の相場はおよそ20〜30万円、全3

冊だと100万円を超える市場価格になっており、古書店でさえも扱う事が難しくなっています。

そんな中、古書店の「二手舎」が出した答えは「より買い求めやすい価格で復刻し、再び世に問うてみたい」という結論でした。

「思想のための批判的資料を副題とした〝プロヴォーク〟、ぜひ手に取っていただき写真とは何かもう一度考えてみてはいかがでしょうか。

言葉に胸を打たれる。

商売として考えれば、価格が高騰すると、その本を在庫として抱える古本屋の儲けが増す。時間の経過とともに価値が上がり続けるのだとすれば、寝かせておけばどんどん高価なものになっていく。反対に、出版社から復刻版が刊行されることで「幻の本」ではなくなり、古書価が下がってしまうケースも少なくないだろう。それなのに、古本屋が復刻版を制作するという気概に、感銘を受ける。「二手舎」といえば、昨日の明治古典会で経営員として働いていた東方さんのお店だ。これも何かの縁だからと購入する。

「二手さん、すごいですよね」。深澤さんが言う。「本物なんて、絶対買えないじゃないですか。それを『じゃあ復刻しよう』っていう発想がすごいですよね」。たしかに、仮に復刻しようと思いついたとしても、誰にどうやって相談し、許可をとればいいのかと考えただけでも、途方に暮れてしまう。

明治古典会には美術関係の品物がよく出品されることもあり、美術関係に強い会員も数多くいる。「古書みすみ」にも美術書は多く並んでいるけれど、そういった先輩たちと同じジャンルで棚を作るとき、気負いはあるのだろうか？

「わからないことがあったときに、たとえば夏目君のお父さんに聞くと、教えてくれるんですよ。知識で言うと、全然敵わないなと思うんですけど、それで『私の店で扱うのはやめておこう』とはならなくて。美術書が強いお店はいっぱいあるけど、私も美術書は好きだし、棚1個ぐらいは作れる。もしも美術書専門店をやるとしても、上がいるからやめておこうとはならない気がします。市場は高い値段をつけた者勝ちだから、まったく買えないというわけでもないんですよね」

まだ「古書サンカクヤマ」の店員だったころ、初めて市場に連れて行ってもらったときには、ただただ途方に暮れるばかりだったと深澤さんは振り返る。店員として店番をすることはできても、一体いくらで入札すれば落札できるのか、想像もつかなかった。市場に通うにつれて、少しずつ知識も増えてきたものの、本当に独立してもやっていけるのか、不安は残る。そんなときに背中を押してくれたのは、先輩の一言だ。

「文京区にある藤原書店の藤原さんが東京資料会の主任だったとき、相談したことがあるんです。『独立を考えてて、物件を探してるんですけど、うまくやっていけるかどうか不安で』って。そのとき藤原さんが言ってくれたんです。『とにかく、自分にできることを少しずつやっていけば、絶対大丈夫だから』って。そう言われたときに、完璧を目指さなくていいんだって、気が楽になったんです。私が独立したいって言ったときに、『まだやめたほうがいいんじゃない？』って言う人はひとりもいなくて、基本的に皆、応援してくれて。自分も本屋になりたいと思うようになったきっかけの人も何人かいるんですけど、いろんなところに影響されて、古本屋になった気がします」

経営員として働いていると、いろんな本に触れることができる上に、誰がどんな金額で入札するのか垣間見ることができるし、相場も少しずつわかってくる。それに、先輩たちからいろんな知識を教わることもできる。ただ、自分がどういうお店を作りたいかというところは、ほとんどブレることがないと深澤さんは言う。

「市場で私が接している人たちとは、ほとんど本の話をしないんですよ。最近は全然行ってないですけど、飲み会に行ってたころは、全然本の話にならなくて、あとで振り返っても何の話をしてたのか全然思い出せないような飲み会で（笑）。もちろん飲みながら本の話をしてる古本屋もいると思うんですけど、資料会や明治古典会の飲み会に行くと、全然本の話にならなくて。だから、仕事以外の部分を変えてくれる人はたくさんいるんですけど、店に影響が出たことはほとんどない気がします」

店の外から、ゴオオオと音が響いてくる。カープ帽を被った少年がキックボードで走ってきて、信号を待ちながらぐるぐる旋回する。扉に吊るしてある消毒液が風に吹かれ、こつんこつんと音が鳴る。今日は風が強いのか、開店祝いに贈られた胡蝶蘭の花びらが一枚飛んでゆく。

深澤さんはレターパックを取り出し、通販の発送準備に取りかかる。注文があったのは、出来上がったばかりの「みすみかばん」。タナカトモコさんに、深澤さんの飼い猫をモチーフに描いてもらったイラスト入りのトートバッグだ。深澤さんが猫を飼っていることを知る友人から、次から次にプレゼントされた猫の置き物が、レジの周りに並んでいる。

「ご依頼主」の欄に、住所印を押す。しばらく扇ぎ、文字が掠れないようにと、ティッシュを被せて軽く押す。念のためにと、ティッシュを畳んで裏返し、もう一度押す。マッキーで送り先を書き、帳場に追跡シールを貼っておく。ひとつひとつの仕事を、きっちりこなしていく。きっと夏休みの宿題なんかも、こんなふうにきっちり計画的にこなしていたに違いない。

「夏休みの宿題は、夏休みが始まる前にもう、全部やっちゃってました」と深澤さん。「『この日にこの課題をやる』って計画を出すんですけど、早く遊びたくて、課題をもらった時点で一気に終わらせて。だから、二学期が始まったときには宿題の内容をおぼえてないから、夏休み明けのテストはぼろぼろでした」

店内にはカネコアヤノが流れている。自分で選んだプレイリストを再生しているわけではなく、ランダムで曲が流れる設定にしてあるのだという。

「BGMって悩みますよね」と深澤さん。「最初のうちはずっと無音でやってたんですけど、無音は無音で『静かだね』ってお客さんに言われたので、スピーカーを買って流してるんですけど。難しいです。映画のサントラを流したときもあったんですけど、『これ、あの映画のサントラですね』って言われて、その会話がめんどくさくて。誰もわかんないような曲を流したいと思って、チェコの民謡を流したこともあるんですけど、それはそれで『この曲は何？』って聞かれて。どうすればいいんだ！ってなりました」

常連のお客さんと、なんでもない会話をぽつりぽつりと交わすのは楽しいけど、古本や映画の話をするのはどこか気が重いのだと、深澤さんは言う。その気持ちは、どこかわかるような気がする。本を読むことも、映画を観ることも個人的なことで、それを誰かと分かち合うことは難しい。

「映画評論を読むのはすごく好きなんですけど、そういう仕事をしている人たちに対する信頼も尊敬もあるから、あんまり自分で映画の話をしたいとは思えないんですよね。ある程度信頼関係がある相手であれば話せるんですけど、初対面の人とはうまく話せないところもあって。好きな映画って人それぞれ違うし、『納豆って美味しいよね』みたいな話なら『わかる』って返せるんですけど、一口に映画と言っても色々あるから、うまく返せなくて」

古本屋を訪れたとき、ぼくもついつい帳場で立ち話をしてしまう。同じ本を扱う場所でも、たとえば図書館のカウンターで立ち話をすることなんてないのに、なぜか古本屋では立ち話をしてしまいがちである。それに加えて、「古書みすみ」の場合、女性店主で、20代だということも少なからず影響しているのではないかと思う。たとえば若い女性がひとりでギャラリーを訪れると、学芸員でも何でもない男性が頼まれてもいないのに執拗に蘊蓄を語るふるまいがSNSでしばしば批判されている。

「ああ、いますね！」と深澤さん。「私もひとりで美術館に行ったとき、何回かされたことあります。知らない人がいきなり絵の説明をしてきて、美術館の人かと思って『へー』って聞いてたら、普通に出口から出て行って（笑）。それと似たような感じで、私が店主だと知らずに、『日本の古本屋って知ってる？』とかって話しかけられることもあります」

最近は女性店主も増えつつあるけれど、古本の世界は男性が多い。ひとりで店番していると、面倒な思いをすることもきっとあるのだろう。

16時半になると、ピンポンパン、と防災無線から音が響く。「緊急事態宣言が、発令中です。大切な命を守るため、感染拡大防止に、市民の皆様の、ご協力をお願いします。防災小金井」。やけにゆっくりした口調で、そう読み上げられる。深澤さんは「寒すぎるので、今日は18時までの営業にします」と言って、ツイッターに今日は18時までと投稿している。

去年の大晦日、深澤さんはツイッターにこんな言葉を書いていた。

古本屋が楽しくて仕方ねぇと生きていたらあっという間に2020年が終了してしまいました。

来年もその先も、これからもどうかずっとずっと古書みすみをよろしくお願いします！

みなさま、良いお年を！営業開始は1月5日です！


深澤さんにとって、古本屋の仕事が楽しくて仕方がないのは、どんなところだろう？

「ああでも、本に自分の好きな値段をつけて売れるのがまず楽しいなって思います。自分が決めた値段で棚に並べて、それが売れるまでの過程が楽しいですね。無心で本を磨いてる時間も好きだし、市場の仕事も楽しいので、今のところ全部楽しいです。どんどん売り上げが上がっていくといいなとは思いますけど、それ以上に『あそこに本屋があるな』って認識が広がっていくといいなと思ってます」

閉店後、「古書みすみ」をあとにして、武蔵小金井駅まで歩く。閉店時間を早めたこともあり、まだ外は日が暮れたばかりで、西の空はまだ白く明るく、少しずつ青に変わってゆく。数日前は暖かかったのに、今は吐く息が白くなる。誰もいない夜道をひとり歩いていると、あっという間に時間が過ぎ去ってしまって、もう冬になってしまったように思えてくる。

　これからもどうかずっとずっと。重ねられた「ずっと」という文字に祈りのようなものを感じて、胸が一杯になる。今から10年後、20年後、30年後、「古書みすみ」はどんなお店になっているだろう。新小金井街道から角を曲がり、空を見上げると、大きな満月が浮かんでいた。

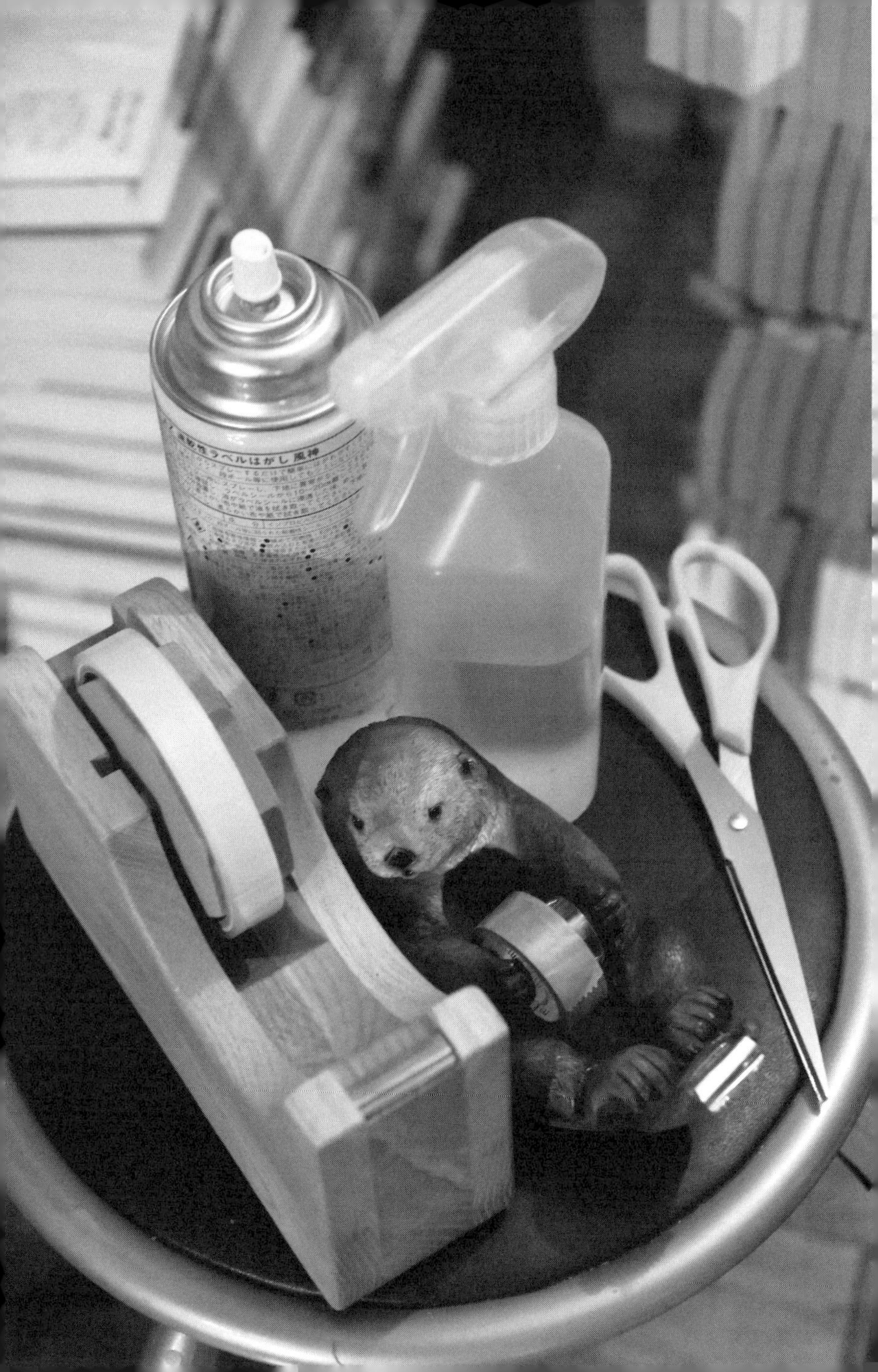
ラベルはがし 風神

休業中の古書みすみ

5月31日（月曜）

11時過ぎ、「古書みすみ」のシャッターが上がる。ただし、今日は表に均一棚が並べられることもなく、入り口には休業を知らせる案内が貼られている。

新型コロナウイルスの感染拡大を受け、東京を含む4都府県に緊急事態宣言が発出されると決まったのは、4月23日のことだった。都知事は同日夜に記者会見を開き、1000平米を超える商業施設や遊技施設に「休業要請」を出し、1000平米以下の商業施設には休業の「協力依頼」を呼びかける。緊急事態宣言が出るのは3回目だが、2回目の緊急事態宣言で休業が呼びかけられたのは飲食店だけだったから、古本屋が対象となるのはこれで2度目だ。

4月24日、東京都古書籍商業協同組合から加盟店にメールが届く。東京都の呼びかけに応じて休業し、休業協力金を受け取るためには、4月25日から休業する必要があると、そこには記されていた。

「今から1年前、最初に緊急事態宣言が出たときは『サンカクヤマ』の従業員だったから、お店を閉めなきゃいけないってことに対して、そこまで考えられてなかったんです」。深澤実咲さんはそう振り返る。「去年は3月ぐらいからはいろんなイベントが中止になったり、休業するお店が出てきたり――だから、古本屋に休業要請が出たときも、しょうがないかと思ったんです。要請に応じれば都から協力金がもらえたんですけど、『サンカクヤマ』の店主が『どっちかって言ったら閉めたくないよね』って話してて、そっか、そうなんだって思ったのをおぼえてます」

営業か、休業か。

店主として初めて休業の「協力依頼」を求められた深澤さんは、休業することを選んだ。

「うちはゴールデンウィークだからってお客さんがきてくれる場所でもないし、ネット売りもやってるから、閉めてもいいかなと思ったんです。あと、最初の緊急事態宣言のときと違うのは、市場が開いてたんですよね。去年みたいに市場も閉まってたら大変だったと思うんですけど、今年は市場があるから仕入れもできて。在庫がなくなる心配もないし、ネットに本を登録しておけるなら、店売りは閉めててもいっか、って。市場があるのは重要だなと、あらためて思いました」

最初の緊急事態宣言が出た翌日、4月8日に予定されていた東京資料会は中止となり、

4月9日から東京古書会館は休館となった。市場が再開したのは6月2日からだ。でも、今年は市場が閉まらず、通常通り古書交換会は開催されていたこともあり、深澤さんはすんなりと休業することに決めた。

臨時休業に入った4月26日、リニューアルされた棚を写真に撮らせてもらう約束をしていたこともあって、休業中の「古書みすみ」を訪ねた。あの日、深澤さんは帳場の近くに積み上げられた本の山を指し、「このあたりの本は、ゴールデンウィーク向けに仕入れたんですけどね」とつぶやいていた。古本の仕入れにも暦の影響があるのだと、その言葉は印象に残った。

「連休になると多少はお客さんが増えて、家族連れがくるかなと思って、絵本とかを多めに仕入れてたんです。あと、連休は市場も閉まるから、本が売れてもそのぶん品出しできるように、ちょっと多めに仕入れてたんですよね。絵本はゴールデンウィーク過ぎても売れるけど、新刊ぽいやつは出来れば早めに出したかったです。棚に出せるのが1ヶ月遅れると——まあでも、新刊書店だったらもっと大変だったと思います。新刊書店で休業しろって言われたら、考えただけでおそろしいですよね」

深澤さんは休業中も、定休日以外はお店で働いていた。天気が良ければ半分だけシャッターを上げ、天気が悪ければシャッターを降ろしたまま、帳場で鬱々と仕事をした。せっかく休業期間があるのだから、遠出していろんな古本屋を巡ろうかと思っていたものの、大半の時間をお店と自宅で過ごしていたという。

「もともと出不精なんで、市場に行く日以外はお店で仕事をしてて、出かけるとしてもスーパー行くかコンビニ行くかって感じでした。あとはもう、家でずっと映画観てましたね。この期間中に、初めて海外ドラマを観たんです。ハマっちゃって、ずっと観なきゃいけなくなるのが怖くて今まで手を出せなかったんですけど、『ブレイキング・バッド』を観たら、思った以上にハマっちゃって。あとはもう、Amazonのプライムビデオとかで、勝手におすすめしてくる映画を片っ端から観たり、とにかくずっと映画を観てました。ちょっと仕事して、映画観て。また仕事してて、お腹が空いたらごはんを食べて。生活習慣もぐちゃぐちゃでしたね。さすがに映画を観ながら仕事をすることはなかったんですけど、ずっとラジオを流しながら、ひとりなんで普通にしゃべったりしてました。ラジオ聴きながら笑ったりとか、普通に店開けてるときはできないんで、面白かったですね。夜になっても眠くならないから、ラジオ流しながら仕事して、結構楽しかったです。普通に30時間ぐらい起き続けて、『あれ、しばらく寝てないな?』ってなる日もありました」

休業中に遠出したのは、市場で経営員の仕事がある日だけだった。市場に行けば、久しぶりに人と話せるのが楽しかったと深澤さんは振り返る。

当初は5月12日までの休業を予定していた「古書みすみ」は、緊急事態宣言の延長により、5月31日まで休業することになった。その後、緊急事態宣言は三たび延長されることになったけれど、6月1日からは古本屋は休業要請や休業協力依頼の対象から外され、営業時間の短縮を依頼されるだけになった。休業しても補償は出なくなり、6月からは営業を再開する古本屋が出始める。「古書みすみ」も、近いうちに営業を再開するつもりだという。生活リズムを元に戻そうと、先週あたりからは「この時間には店を開けるつもりで」と、体内時計を少しずつ整えているところだという。

もしも「古書みすみ」がネット販売専門店であれば、無理に生活リズムを戻さなくても、好きな時間にラジオを聴きながら働き続けることができるはずだ。そんな時間を経てもなお、お店を開けたいと思ったのはなぜだろう?

「なんでだろう。休業中はネットにいっぱい登録できて、そこで本が売れて——ネット屋さんもいいなとは思ったんです。でも、自分で店を始めるまではわかってなかったんですけど、『街のあそこに古本屋がある』って皆に認識してもらって、お客さんから『品揃えがいい』って言われると、結構嬉しいんです。あと、母が自営業なんですけど、そこにちょっとあこがれもあって。そのお店は〝お母さんのお店〟って認識が小さい頃からあって、大人になるにつれて『ひとりで全部やってるの、すごいな』と思うようになって。そこにあこがれを抱いて、なんのお店でもいいから自分もやってみたいと思っていたんです。だからやっぱり、また店が開けられるようになってよかったなと思います。こんなふうに閉めなきゃいけなくなるのは、これで最後がいいなと思いますけど」

「古書みすみ」に3日間お邪魔したのは2月の終わりで、もう花粉が飛び始めていたものの、肌寒い日が続いていた。あれからずいぶん季節が巡り、夏が近づいてきている。でも、深澤さんは夏が待ち遠しいとは思わないようで、「ずっと冬でいいと思ってます」ときっぱり言う。

「季節の中で、夏が一番嫌いなんです。夏の終わりとか、『やった！』と思います。秋と冬を交互にやって欲しいですね。冬は寒くても着ればいいけど、夏はどうしたって暑いじゃないですか。そのどうしようもないのが嫌なんですよね。夏、ほんとに嫌だな。オリンピックもあるし、そのあとまた緊急事態宣言とかって言われたら――夏はどうなるんでしょうね？」

AMOLIR
SHOE & BAG REPAIR
貫井北町歯科

新小金井街道
こばやし接骨院
各種健康保険取扱い
DyDo

古本トロワ

7月21日（水曜）

朝の情報番組にチャンネルを合わせると、レポーターが東京湾をクルージングしていた。海の向こうにはオリンピック選手村が建ち並んでいて、それを守るように海上保安庁の船が停泊しているのが見えた。選手村のベランダに、色とりどりの国旗が並ぶ。今日にはもう、競技が始まるのだとアナウンサーが語る。画面の左上には天気予報が表示されている。東京は晴れ、最高気温は34度だ。

朝9時、東京古書会館はもう動き始めていた。誰かが口笛を吹きながら仕事をしているようで、口笛のメロディと、冷房の音が低く響いている。「古本トロワ」の長田《おさだ》俊次さんは、タリーズのアイス缶コーヒーを手に、9時過ぎに姿を現す。荷物をテーブルに置くと、「まずは一服してきます」と、8階の喫煙所に消えてゆく。

今日は水曜日で、東京古書会館では「東京資料会」という古書交換会が開催される日だ。

ひとり、またひとりと、東京資料会の経営員と幹事が集まってくる。荷物を置くと、まずはエプロンをかける。東京資料会のエプロンはカーキ色だ。

「おはようございまーす」

「おはようっす。腕、治った？」

「治りました」

「そっか。俺は土曜日に打ったけど、まだ筋肉痛なんだよ」

「腕、上がります？」

「上がる、上がる。だけど、日曜日は熱が出ちゃって大変だったよ」

ベテラン古書店主たちはワクチンの話題で持ちきりだ。

経営員の中には、これまで取材した「BOOKS青いカバ」の小国貴司さんや、「古書みすみ」の深澤実咲さんも名を連ねる。ただ、深澤さんによると、小国さんは今日はお休みなのだという。「お刺身に当たって、食中毒になっちゃったみたいです」と深澤さんが教えてくれた。

「じゃあ、もう始めちゃいましょう」。定刻の9時半より少し早いけれど、全員が揃ったところで、「文生書院」の松本洋介さんが朝礼を始める。「昨日は康太君と実咲ちゃん、前日仕分けお疲れ様でした。まだちょっと文庫と新書の仕分けが残っているので、このあとやっていきます。よろしくお願いします」

朝礼が終わると、ベテランたちは仕分けに取りかかり、若手は出品される古書をテーブルに積んでゆく。

「これ、ほんとに状態が綺麗だね」。仕分けをしている「金沢書店」・金澤秀樹さんが言う。

「岩波、筑摩、講談社。ハヤカワ文庫もありますね」と松本さん。

「これ、意外と成るよ」。文庫に巻かれた書店のカバーを外しながら、金澤さんが言う。「こっちの単行本はどうします？　大判と小判で分けます？」

「大判、成りそうだね」

「だけどさ、大判と小判で分けちゃうと、小判が成らねえよ」

「（入札最低価格の）２０００円なら札が入るかもしれないよ？」

「いや、ギリギリだな。２０００円で買えるとしても、札入れてこないんじゃないか？」

成るか、成らないか。

経験と嗅覚で見分けながら、本をビニール紐で縛り、出品する山を作る。テーブルに高い山が積み上げられてゆく。出品されている本には、学術書や全集、洋書が目立つ。重い本が多く、「うっ」、「よっ」と、小さな唸り声があちこちから聞こえてくる。その合間に、唐揚げ、ヤンニョムチキン、油淋鶏、タレカツと、揚げ物の名前が聴こえてくる。皆が話しているのは、今日のお昼ごはんのメニューだ。

11時半を迎える頃には、今日の市場に出品される本はあらかた並べ終わる。長田さんと、それに「古書のんき」の西村美香さんは、お昼ごはんの買い出しに出る。駿河台下交差点の近くに、「TOKYO 2020」の看板が括りつけられている。9月5日にマラソン競技が開催されるため、交通規制が実施されるようだ。

「資料会の経営員って、入って1年目は食事係を任されることが多いんです」。長田さんが教えてくれる。「僕が資料会に入ったのが去年の7月で、今年の7月から『のんき』さんが入って——ちょうど入れ替わりのタイミングなんですよ。市場に出品される荷物って、そのときどきで量が変わるんですけど、余裕があるときはちょっと遠いところまで買いに行ったり、逆に量が多いときだと事前に出前館で注文したり。お弁当に文句言う人はいないから、何でもいいっちゃ何でもいいんですけど、なるべくなら喜ばれるものを買いたくて、毎週『何にしよう?』って考えてましたね」

駿河台下の交差点で信号を待っているあいだ、長田さんはひなたに佇んでいたけれど、西村さんは信号の陰で陽射しから身を守っていた。昔は気にせずひなたで信号を待っていたけれど、ぼくも最近は日陰を探すようになった。信号が青に変わると、靖国通りを渡る。うだるような暑さで、道ゆく人の動きもゆっくりだ。すずらん通りを進み、「から好し」というお店で唐揚げ弁当を、「新潟カツ丼 タレカツ」というお店でタレカツ弁当をテイクアウトする。神保町にも、揚げ物の店が増えている。セブンイレブンにも立ち寄り、紙パック入りのお茶を何本か買って古書会館に引き返すと、4階の交換会場の奥にあるテーブルにお弁当を並べてゆく。

「唐揚げか、元気だねえ」。「とかち書房」の佐藤誠さんが笑う。

「タレカツもありますよ。どっちにしても肉で揚げ物なんですけど」と長田さん。

「タレカツだけの弁当と、野菜の天ぷらも入ってる弁当がありますよ」

「唐揚げ弁当は、1個だけ大盛りもあります」

「大盛りを選ぶのは――誰だろう」

「資料会でわんぱくと言えば××さんだよ」

ワイワイ話しながらお弁当を選び、お昼を食べ始める。誰かがお弁当の上蓋にタレカツをよけ、野菜の天ぷらを頬張っていると、まわりの皆が「タレカツ、要らないの?」「残すなら食べちゃうよ」と声を掛ける。そう言われた側は、「違うよ、ごはんが食べづらいからよけてるだけだよ。全部食べるよ」と笑っている。なごやかに時間が流れる向こうでは、古書店主たちが出品された古書の山にじっくり見入り、札を入れ始めている。ひとしきり山を見終えた店主たちは、会場の隅で雑談しながら、開札を待っている。

「ほら、中央道の八王子とか、東名の横浜町田とか、あっちから首都高に入ると料金上乗せだってテレビでやってるじゃない?」

古書店主同士の会話が聴こえてくる。オリンピック開催により、7月19日から首都高速道路は料金が上乗せされ、一般道路にもオリンピック関係車両専用レーンが設けられた。

その影響で、一般道路で渋滞が発生していると、ニュースで繰り返し報じられている。

「俺もさ、上道が空いてるのはわかってたんだけど、試しに下道できてみたんだよ。いつもより早めに出てね。そしたら――見たよ」

「見たって、何を」

「ピンクステッカー」

「ああ、オリンピック関係車両ってやつだ」

「そう。グランドキャビンとかいう、ハイエースの高級なやつ。あれがピンクステッカーつけて走ってたんだけど、ウィンカーも出さずにビュッと割り込んできてさ」

「うわ、やだなあ」

「オリンピック車両は優先だって自負があるのかもしれないけど、ウィンカーも出さずに車線変更してきて驚いたよ。しかも、オレンジカット［車線変更禁止区域での車線変更］。もう、やりたい放題だね」

「やっぱり、日本の都市環境じゃオリンピックは無理だったんだよ」

13時半、開札が始まる。

4階の端から順番に、経営員総出で開札する。明治古典会の開札だと、経営員に〝お道具箱〟が配られていたけれど、東京資料会で配られるのは札の束を輪ゴムで留めたクリップボードだ。経営員は、封筒に入った札をクリップボードの上に出し、札に書かれた値段を見比べ、誰が落札したかを封筒に書いておく。開札が終わった封筒をバインダーに挟んでおく人もいれば、エプロンのポケットに入れておく人もいる。ある程度量が溜まったところを見計らって、副主任を務める「愛書館・中川書房」の牛山淳平さんが封筒を回収してまわり、幹事たちが中身を改めた上で、どの山を誰がいくらで落札したか、マイクで読み上げてゆく。

15分ほど休憩を挟むと、今度は3階の開札が始まる。ぎりぎりまで悩みながら札を入れる古書店主もいれば、あえてぎりぎりのタイミングを狙って札を入れる古書店主もいる。15時半にはすべての開札が終了した。休む暇もなく、経営員の皆で片づけに取りかかる。

「××書店さん、どっちだった？」

「〝送り〟でした」

「じゃ、それは俺がカーゴに積もう」

「××書房さんは？」

「××書房さんは、『名寄せだけお願いします』って」

落札した本をすぐに自分で持ち帰る店主もいれば、ルート便を利用する店主もいる。〝名寄せ〟とは、自分で持ち帰る店主に向け、落札者ごとに本を仕分けておく作業を指す。ルート便で〝送り〟になった本は、経営員が落札者ごとにまとめてカーゴに載せ、2階におろしてゆく。16時50分にすべての仕事が終わると、喫煙所で一服しようと、長田さんはエレベーターに乗り込んだ。

今回はもう駄目だ――エレベーターで一緒になった「青聲社《せいせいしゃ》」の豊蔵祐輔さんがぼやく。この週末には、五反田にある南部古書会館で「五反田遊古会」と題した古書即売会が開催される。即売会とは一般客向けの古本市だ。ふたりは経営員仲間であり、五反田遊古会という古書即売会でも顔を合わせる仲だ。

「だってもう、売り上げが――目録だって、あんまり注文入らなかったんですよ」

「今回も警察関連の本、目録で出してましたよね」

「でも、今回は注文が入らなかった。お客さんも、売れ残りを出してるってのがわかってるんですよ」

経営員になるより前に、長田さんは五反田遊古会で豊蔵さんと知り合っていた。「古本トロワ」を創業して間もない頃は資金繰りも厳しく、固定の手当がもらえる経営員になれないかと相談したのが豊蔵さんだった。

長田さんは37歳でこの業界に入った。前の職場を退職したあと、インターネットで求人を見つけ、神保町の「澤口書店」で働き始めた。

「前の職場っていうのが、レコードショップだったんですね。退職したときは正社員だったんですけど、アルバイトの期間も長かったから、40手前で再就職は難しいだろうなと思ったんです。自分で仕事をやるしかない、って。レコードショップに勤めてたときにも本を扱ってたから、古本屋で勉強しながら当面の生活費を稼ごう、と。それでネットで検索したら、出てきたのが澤口書店だったんです」

「澤口書店」で働き始めたのは、２０１５年10月頃のこと。少し仕事にも慣れ始めた11月に、社長に命じられて五反田遊古会に足を運んだ。

「たしかあのとき、当日になって社長に『五反田に行くぞ』と言われて、右も左もわかんない状態で南部古書会館に連れて行かれたんです」。長田さんは笑いながら当時のことを振り返る。「正直な話、最初はめちゃくちゃ怖かったんですよ。古本屋の店主って、ちょっと怖いイメージがあるじゃないですか。でも、五反田遊古会があるたびに南部に行っていると、普通に話しかけてくれるし、慣れてくると五反田遊古会に行くのが楽しみになって。だから、自分で店を始めたあとも、遊古会に入らせてくださいとお願いしたんです」

澤口書店に入って間もない頃に、長田さんは社長に「お前は40で独立しろ！」と言われていたという。その言葉通り、40歳を迎える２０１８年に独立し、「古本トロワ」を創業する。

長田さんは落札した本を鞄に入れると、御茶ノ水駅まで歩く。17時22分発の中央線快速武蔵小金井行きに乗り、吉祥寺パルコを目指す。５月29日から10月17日まで、吉祥寺パルコ2階で「ＴＯＫＹＯ ＢＯＯＫ ＰＡＲＫ吉祥寺」という古本市が開催されており、「古本トロワ」も出店中だ。毎週水曜日は、東京資料会で経営員として働いたあと、棚の補充に足を運んでいるのだという。売れたスペースに本を補充するだけでなく、棚を耕すように、じっくり時間をかけて本を並べ替える。棚の右端にあった本を手に取り、これをどこに移動させるか――長田さんの手が宙をゆらぐ。

「もう、迷いっぱなしです」と長田さんは笑う。「でも、ベテランの方でもきっと、迷いっぱなしな気がします。特にこういう古本市だと、自分の店じゃないから、何が正解かってわからないんですよね。『これでよし！』とは思えないんだけど、どこかで形を決める。しばらく経って、売り上げをチェックして、『あれ、駄目か』となったら並び替える。触らないとどんどん棚が死んでいくのはわかっているから、触りにこずにいられないんですよね」

長田さんの言うことはもっともだ。一度並べて、しばらく売れないのであれば、棚を触って並びを変える必要があるのだろう。ただ、そうだとわかっていても、東京古書会館から吉祥寺パルコまでは30分以上かかる。経営員として働くのは力仕事でもあることを考えると――しかも、明日からは五反田遊古会もあるのだと思うと――「今日はまっすぐ帰って休むか」と、自分なら思ってしまいそうだ。今日のような日にまで棚を触りにくるのはなぜだろう？

「うーん、何でだろう」。長田さんはしばらく考え込んだ。「やっぱり、嫌なとこが少しもないからだとは思うんですけどね。自分の棚を触りにいくのって、苦にならないんですよ。もし会社勤めしてて、仕事として『棚を補充してこい！』と言われたら『うわ、やだな』

と思うかもしれないけど、そうじゃないっすからね。早く帰ってこどもと遊びたいなとか、そういうのはありますけど、棚を触るのが嫌だとは思わないんですよね。それに、『今日はやめとこ』ってサボっちゃうと、明日の自分がキツくなるだけで、結局自分に返ってくるんですよ。『仕事が好きだから！』みたいなことではないんだけど、別に嫌じゃないしやっておくか、と。だからもう——生活ですよ」

1時間近く棚を触り、吉祥寺パルコをあとにする。普段であれば、TOKYO BOOK PARKで補充を終えたあと、缶ビール飲み干してから帰途につく。家で飲むときは第3のビールだけど、仕事終わりに飲むのはいつもサッポロの黒ラベル。ただ、今日はまだ仕事があるからと、ビールは飲まずに改札を抜ける。中央線の上りはがらがらだ。新宿駅で山手線に乗り換えて、五反田にたどり着くころには、時刻は19時をまわっている。誰もいない南部古書会館でひとり、仕事に取りかかる。

南部古書会館は、東京古書組合南部支部の建物だ。東京古書会館と同じように、古書店同士の古書交換会が定期的におこなわれており、五反田遊古会や本の散歩展、五反田古書展といった即売会も開催されている。

2020年春、新型コロナウイルスの感染が拡大し始めると、開催を中止する即売会も出始めた。4月上旬に入ると、緊急事態宣言に合わせて古書会館もクローズし、4月の本の散歩展と、5月の五反田遊古会は中止となった。五反田遊古会は中止と再開を繰り返し、昨年11月を最後に開催が途絶えている。

「この8ヶ月のあいだに、五反田遊古会向けに溜め込んだ本があるんです」。本の山を前に、長田さんが言う。「うちはお客さんからの買い取りはほぼゼロなので、仕入れはぜんぶ市場で、それも南部の市場がほとんどなんです。市場に行くと、買うのをセーブできないんですよ。『ある程度在庫はあるから、今は買わなくてもいいかな』って、入札せずにセーブできる人もいると思うんですけど、僕は市場に行くととりあえず札を入れちゃう。買ったら儲かるものが目の前にあるのに、これをみすみす誰かに渡してやるものか――そういう意地汚い気持ちが働くんです。『今すぐには必要ないから、買わなくてもいっか』とは思えない。売りに出てるなら、買えないにしても札を入れないと、もったいない。今はもう、市場で買いたいから仕事してるみたいになってきてますね。そのためには本を売らないと」

五反田遊古会の会場となるのは、南部古書会館の1階と2階だ。2階の棚は事前に希望を聞き、棚の配置を決めておく（ただし、棚が余っていれば追加で申し込める）。1階の均一棚は、開催前日に籤引きで棚を決める。1階も2階も、棚を使えば使ったぶんだけ、経費がかかる。でも、「僕は物量にものを言わせて、できるだけたくさん棚を借りてやるんです」と長田さんは笑う。先週のうちに値付けはすべて終えていたものの、棚何台分ぐらいの量があるのかと、事前に調べにきたのだ。

しばらく本の山を数えていたけれど、「どう考えても、この2日間じゃ出し切れないことがわかったので、今日はもう終わりにします」と、仕事を切り上げた。時刻は20時、南部古書会館の閉館時間だ。ただし、管理人がいるわけではないので、長田さんは自分で電気を消し、施錠をして、南部古書会館をあとにする。五反田駅へと向かう道すがら、あちこちで提灯がともり、賑やかな喧騒が聴こえてくる。

7月22日（木曜・祝日）

朝8時だというのに、地下鉄は混雑しておらず、立っているのは数人だけだ。例年であれば7月の第3月曜日が海の日だけれども、今年は今日が海の日で祝日だ。でも、祝日の朝にも、オフィスウェアで電車に揺られる人たちはそれなりにいる。ケータイを触っている人は少なくて、俯いて目を閉じている人がほとんどだ。

地下鉄を乗り継ぎ、馬込駅に出る。背中に「SECURITY」と書かれた揃いのユニフォーム姿の集団も、同じく馬込駅で降りると、駅前の東横インに消えてゆく。環七を越えて、閑静な住宅街を進んでゆくと、「古本トロワ」がある。ただし、外観は至って普通のマンションだ。

ぎっしりとスチール製の本棚が並ぶ部屋に、ラジオが流れている。天気予報によると、今日は二十四節気の大暑にあたり、一年でもっとも暑い時期だ。今日は暦通り厳しい暑さが予想され、東京都心は34度、熊谷は36度、前橋は35度の猛暑日になる見込みだという。続いて流れた交通情報が、東名高速道路の下りで25キロ、中央自動車道の下で45キロ、東北道の下りで13キロの渋滞が発生中だと伝える。今日は4連休の初日で、東京から外に出る人が大勢いるようだ。ラジオを聴きながら、長田さんはネットで注文が入ったぶんを梱包し、発送作業を進める。

「古本トロワ」は、無店舗の古本屋だ。催事に参加することもあるけれど、基本的にはインターネットの通販をメインに商いをしている。ということは、時間には捉われない仕事だとも言える。それなのに、こんな朝早くから仕事をしているのが少し意外だった。

「上の子が小学校1年生なんですけど、上の子が学校に行く時間と、嫁さんが仕事に出かける時間に合わせて起きてるんです」。作業の手を止めて、ベランダで一服しながら長田さんが教えてくれる。「だから、遅くとも8時までには起きて、8時半には仕事を始めてるんです」

長田さんが古本を出品しているのは、日本の古本屋とアマゾン、それにＹａｈｏｏ！オークションだ。日本の古本屋とアマゾンには、歴史、思想、宗教、文学、趣味の本、サブカル、オカルトなど、幅広いジャンルの古本を登録している。Ｙａｈｏｏ！オークションには、古い学習参考書や理工書、本以外の紙モノ、あとはエロ本などを毎週１００点ほど出品し、締め切りを日曜日に設定しておいて、落札されたぶんを木曜日に発送する。

「ヤフオクだと、結構エロ本が売れるんですよ」と長田さん。「エロ本って、コンビニでも買えなくなったし、何年か前にアマゾンからもヌード写真集が一斉に削除されて、ネットでも買いにくくなったんですよ」。そういえばエロ本がコンビニから姿を消したきっかけの一つとしても、オリンピックで訪日外国人が増えることが理由に挙げられていたんだったと思い出す。

以前取材した「岡島書店」にも、成人図書の棚があったことを思い出す。昔は成人図書のゾッキ本——新品でありながら、定価より安く販売される特価本のこと——を専門に扱う業者がいて、「岡島書店」が所属する東部支部の東部古書会館にやってきては、「新入荷があるけど買いませんか?」と販売にきていたのだと、岡島さんは話してくれた。東部古書会館がなくなってからは、成人図書を扱う古書店をまわって営業にきてくれていたけれど、最近はこちらから仕入れに行かないといけなくなったのだと、岡島さんは言っていた。

開け放たれた窓から、蝉の鳴き声が聴こえてくる。机に向かって作業を進める長田さんの背中を眺めていると、少年時代に引き戻されたような気分になってくる。仕事部屋になっているこの部屋は、長田さんが兄と一緒に住んでいたこども部屋だ。作業机も、こどもの頃から使っているものだという。

まだ小学生だったころ、友達の家に遊びに行ったときのような気分になる。このあたり

アハハ
ギャハハ
ゲハハッ

に生まれ育つと、夏休みにはどこで遊んでいたのだろう。

「夏休み、何してたんだろう」。長田さんは記憶を辿りながら話す。「公園は方々にあるんですけど、自転車で行ける範囲は住宅街ばっかで。うちは両親とも東京で、田舎がないから、自然に親しむこともなかったんですよ。ただ、夏休みになると家族で海に出かけていて、それは楽しみでした。伊豆の土肥温泉ってとこに、山に囲まれたところに海水浴場があって、毎年決まった旅館に泊まってました。親に聞くと、1週間ぐらい泊まってたらしくて。一番楽しみだったのは、旅館の1階のロビーにゲームの筐体があって、海も楽しみなんだけど、そこでゲームをやるのを楽しみに毎年行ってました」

ラジオから、こども電話相談室が流れてくる。今日の相談者は八王子に住む6歳の女の子だ。テレビアニメに一番星が登場していて、「きらきらできれいだったから、みてみたいなーって思いました」と女の子が質問している。幼稚園はもう夏休みに入っているらしく、「夏休みは何がしたいとかありますか?」と訊ねられた女の子は、「皆でお出かけとかしたいな」と答えた。

長田さんのこどもたちは、上が7歳、下が4歳だ。小学校も幼稚園も夏休みに入り、せっかくだから遠くにお出かけしたいとせがまれることはないのだろうか?

「上の子はね、あんまり外に出たがんないんですよ。家でゲームするかYouTube観てるのが好きだから、『外に行きたくない』って。下の子も、近くの遊歩道か公園に遊びに行くことはあっても、ここ1年以上は遠くに出かけられないような状況だから、『遠くにお出かけ』ってことが想像の中にないのかもしれないですね。買い物に連れて行くことも滅多にないから、大人になって振り返ると、夏休みの記憶が残ってないかもしれないです」

　2時間ほどで出荷準備を済ませると、近くのポストでレターパックやクリックポストを投函する。発送作業が終わると、長田さんは南部古書会館に向かう。

「五反田遊古会のときは、金曜日の朝に雨が降るかどうかで配置が変わってくるんです」と長田さんは言う。五反田遊古会が開催されるとき、1階ガレージの軒先に、〝こひら〟と呼ばれる平台を置き、そこにも本が並ぶ。この〝こひら〟が出せるかどうかでも、どの棚を選ぶかという配置が変わってくるのだという。天気予報によれば、明日も夏日になるようで、8ヶ月ぶりの五反田遊古会は炎天下での開催となりそうだ。

「11月以降も、五反田遊古会は開催する方向で毎回話し合っていたんです。五反田遊古会に参加している古本屋はトータルで16軒あるんですけど、11月に開催したときは11軒しか集まらなかったんです。しかも、入り口でお客さんを検温して、名前と連絡先を書いてもらって――そういうところに人員を割かなきゃいけなくなったから、11人だとかなりギリギリだったんです」

　11月はなんとか乗り切ったものの、1月の開催にもあまり人数が集まりそうになかった上に、2度目の緊急事態宣言が発出されてしまう。1月の五反田遊古会は、南部古書会館での販売は中止とし、目録だけ発行することにした。ただ、目録を作るのにも当然印刷費がかかる。この印刷費を捻出するべく、会場販売で棚を使うのと同じように、目録に出品する場合も1ページいくらと〝場代〟を支払う。普段は会場費から印刷費を補填しているため、〝場代〟もそれなりの値段に抑えられているけれど、会場販売がなくなれば補填がきかなくなり、目録の〝場代〟は倍近くまで跳ね上がってしまった。

「1月のときは、うちは完全に赤字でした」。都営浅草線に揺られながら、長田さんは振り返る。「先に目録を印刷しちゃって、開催直前になって『会場販売はできません』ってことになると、経費だけ飛んでいく。それだとキツいから、3月は早々に会場販売も目録販売も、とりあえず一回お休みしましょう、と。でも、後から振り返ると、状況的には開催できる感じになってたんですよ。それで、5月はやろうと目録を作ってたら、また緊急事態宣言が出て、『じゃあやめましょう』と。今回も、7月にどういう状況になるか全然わからなかったですけど、早い段階から皆で話し合って、『よっぽどのことにならなければやりましょう』と決めたんです」

3月の五反田遊古会は、26・27日に開催される予定だった。早めに中止の判断をしたものの、開催予定日の直前、3月21日に東京都の緊急事態宣言は解除されている。その後、5月14・15日の開催を目指していたところ、4月25日に再び緊急事態宣言が発出されている。多くの業種と同じように、古本屋も、五反田遊古会も、コロナ禍に翻弄されてきた。

馬込駅から5分ほどで五反田駅に到着する。自宅から南部古書会館まで、15分もあればたどり着く。顔をかざすタイプの検温機で熱を測り、体温を記帳し、2階に上がる。すでに棚が配置されていて、古本屋さんたちが棚に品を並べているところだ。

「あとはもう、並べりゃいいんだ。ヨッ」。そうつぶやきながら、「靖文堂書店」の三木敏靖さんが棚に本を並べている。

「あれ、ミーティングは14時だっけ？」

「14時です」と長田さんが答える。

「そっか。じゃあ並べられるわ。俺、13時かと思って一生懸命やってたんだけど。そういうことか」。三木さんはそうひとりごちながら、椅子に腰掛け、一休みする。古書会館の電話が鳴る。受話器を取った長田さんは、はい、開催予定です、と答えている。

「何、開催するかどうかって問い合わせ？」と三木さん。

「はい。もしかしたら今日と明日、結構問い合わせの電話がかかってくるかもしれないです。5月もめちゃめちゃ電話ありましたからね」

「俺はもう、電話が鳴るたんびにドキッとするもんな。『中止だ！』って言われるんじゃないかって」

そこへ「月の輪書林」の髙橋徹さんが通りかかり、「三木さん、もう並べ終わっちゃったの？」と声をかける。

「第一陣は並べ終わったから、今は休憩してる。今日は久しぶりに熱いコーヒー飲んじゃおうかな」

長田さんは棚に品物を並べてゆく。通路を挟んだ向かい側は月の輪さんの棚だ。

「良い色だねえ。売れそうな色してるよ」。長田さんの棚を前に、月の輪さんが言う。「長田さんってのは、僕が支部長やってたとき、唯一の〝入学生〟なんだよ。だからいつも心にかけていて――心にかけてるだけで、何もしてないんだけどね」

しげしげと「古本トロワ」の品を眺めていた月の輪さんは、『週刊読書人』や『図書新聞』、『日本読書新聞』の古い号がカーゴに積まれているのに目を留める。こういった古い新聞が、何十部とまとめて出品されることはあるけれど、長田さんは1部ずつに値段をつけ、値札を留めている。

「執念だね、これ」と月の輪さん。「普通はこれ、まとめて売るよ。オソロシイ男だ」

一部ずつ買ってもらいたいんです。長田さんがそう笑うと、「もう君の時代だね」と月の輪さんが言う。

14時になると、全員集まり、1階のガレージに棚を設営する。ベテランも若手も入り混じり、台を設置し、棚を立てかける。10分足らずで棚を並べ終えると、ふたたび2階に上がり、均一棚の場所を決める籤引きをする。「特製焼海苔」と書かれた緑色の缶に、30本強の棒が入っている。均一棚をやりたい人は、この棒を引き、そこに記された番号を言う。

¥200

「博文堂書店」の江口広幸さんが、誰が何番を引いたか、メモしてゆく。今回出展する14軒のうち、「アンデス書房」、「石黒書店」、「小川書店」を除く11軒が籤《くじ》を引き終えると、最後にもう1本引く。そこに書かれていた数字は「15」。最初に棚を選ぶ権利を手に入れるのは、15の次の数字――「16」を引き当てた長田さんだった。

「取材にぴったりな感じだな」。誰かが冷やかす。

「ここ、お願いします」。長田さんは道路寄りの平台を指す。

「はーい、次は豊蔵さん」

「ここ、ここお願いします」

「え、そこ？」

「いろんな作戦があるんですよ」

「次、三木さーん」

「ほら、三木さんの番だよ！」

「均一が生命線だっていうのに――もう〝おおひら〟残ってないでしょう？」

「まだ残ってるよ」

「おお、ほんとだ。じゃ、ここ」

「月の輪さーん」

「はい！　俺はねえ――あれ！　ここまだ空いてんの？」

「そうなんです。今回は〝おおひら〟が埋まんないですね」

〝おおひら〟というのは、1階の真ん中に設置される大きな平台だ。いつもなら真っ先に埋まるのに、それぞれ思惑があるのか、今回は一巡してもまだ空きが残っている。一番札を引いた長田さんから、ビリの札を引いた「北上書房」・佐藤勇七さんまで場所を選び終えると、今度は佐藤さんから長田さんまで、さっきとは逆順に場所を選んでいく。1台しか均一棚をやらない人は、「ナシで」と答えて、次の人に選択権を譲る。

「僕も今回は1台にします」。「赤いドリル」の那須太一さんがそう告げると、「え、どうして?」と、他の店主たちが一斉にざわめく。

「ドリちゃん、1台しかやんないの?」

「ちょっと、信じられないな」

「仕事やる気なくなっちゃった?」

「儲け過ぎちゃって、均一やるのが馬鹿馬鹿しくなっちゃったの?」

今回は均一棚を1台しか出さない――それがこんなに衝撃を与えるほど、いつもは何台も均一棚を出しているのだろう。そして、ベテラン古書店主たちがざわめけばざわめくほど、赤いドリルさんが皆に愛されているのが伝わってくる。

二巡したところで、均一棚は残り9台。

ここでもう一度籤を引き直す。ここでもトップを引き当てたのは長田さんだ。最終的に、昨日の東京資料会で「なるべくたくさん均一をやりたい」と話していた長田さんと豊蔵さん、それに月の輪さんが4台受け持つことになった。

「先週に比べると、かなり感染者の数も多くなってきてます」。場所決めが終わったところで、「小川書店」・田中俊英さんが皆に申し送りをする。「今回、開催するかどうか、かなり悩みましたけど、やると決めた以上、感染防止を心がけていただきたいです。マスクは、もちろんです。それから、大声での会話は控える。なるべく、お客さんに手本を見せられるようにしましょう。でも——『ありがとうございました』ぐらいは言ってくださいね」

古書店主たちは「ははは」と笑いながら棚に戻り、仕事を再開する。15時をまわると、並べ終えた店主から帰ってゆく。

「じゃ、帰って店開けるか」

「え、今から店開けんの？」

「だって、行く場所もないし、飲みにも行けないんだから。かといって、家に帰ってボーッとしててもしょうがないじゃん。それだったらまだ、店開けたら売り上げがあるかもしれないしさ」

ひとり、またひとりと帰ってゆく。15時19分、「じゃ、お先に失礼します」と、赤いドリルさんが帰ると、皆がまたどよめく。

「何、もう帰っちゃったんだ？」

「ドリちゃんがこんな時間に帰るなんて、雨降っちゃうよ」

「だって、棚もまだ並べ終わってないよ」

「何だろう。ほんとに宝くじでも当たったのかな？」

皆がざわつくなか、「あれだよ、コツとして、あえて力を抜いてるんだよ」と月の輪さんがつぶやいたのが印象に残った。

16時を迎える頃には、ほとんどの古書店主が陳列を終え、帰途につく。自分の棚を並べ終えた月の輪さんは、パイプ椅子を押して会場内を巡り、他の店の棚の前に座り、食い入るように見入っている。

同じ古本市に参加する古本屋は、商売敵でもある。古本市を訪れるお客さんも、予算に限りはあるのだから、「A」という古本屋の棚に魅力的な本がたくさん並んでいると、そこで予算を使い切ってしまい、「B」という古本屋の棚には手が伸びなくなってしまう。そこで、事前に「A」の棚を見た上で、自分の棚を並べ替えたり、値段を付け直したりすることだってありうるだろう。でも、月の輪さんは商売のために他店の棚を見ているという感じがしなかった。

「人の棚を見るのって面白いんだよ。ほとんど自分が知らない本だからね」。そう言いながら、月の輪さんは『挿絵画家英朋　鰭崎英朋伝』を手に取る。「鰭崎英朋《ひれざきえいほう》って人は、お相撲取りの挿絵をたくさん描いてるんだよ。これ、１０００円か。市場で仕入れるときなら、1000円なんかすぐ払うんだけど、自分で買おうと思うと勇気要るんだよね」

月の輪さんはパイプ椅子を押してまわり、関心のある本をパラパラと繰り、すべての棚を見てまわった。途中で電話がかかってくると、「もしもし？――おお、大丈夫だよ。今、人の棚見てるとこ」と朗らかに話していたのがおかしかった。

大田区・蓮沼で「月の輪書林」が開業したのは1990年10月21日のこと。つまり、独立して30年以上古本屋を続けている。それでもなお、「ほとんど自分が知らない本だからね」と、嬉々として棚を見つめてまわっている。仕事を始めて30年が経ったとき、自分はこんなにまっすぐな好奇心を持ち続けていられるだろうか。

「じゃ、お先に失礼します」

「明日、よろしくお願いします」

「こちらこそよろしく！」

最後まで棚を見つめていた月の輪さんも17時には帰り、会場には長田さんだけが残った。これぐらいの時間になってくると、何やったらいいかわかんなくなってくるんですよね。長田さんはそう言って笑いながら、本を積んだカーゴを眺める。しばらく立ち尽くしたあとで、「よし、目録注文の抽選をします」と、本の束とケータイを手に帳場に向かった。

五反田遊古会の古書販売目録の表紙には、「奇本・珍本・良書で人気!!――この目録は誠実陳列の「ホン」の一部です――」と記されている。目録に気になる商品が掲載されていた場合、開催初日の前々日までに各書店に申し込むようにと注意書きがある。ハガキかファックスでだけ注文を受ける古本屋もあれば、メールでの注文も受け付ける古本屋もある。「古本トロワ」のページには、住所・電話・ファックス・メールアドレスが掲載されている。注文が重複した場合は抽選となる。

長田さんは目録に掲載した本を広げ、注文のハガキやファックスを並べてゆく。注文が重複した商品があると、ケータイで「ダイスふる」という、サイコロが振れるアプリを立ち上げ、厳正に抽選をおこなう。

目録に出品される本は、どんなものなのか。

第149回五反田遊古会の目録に掲載された、「古本トロワ」の品物を、冒頭の数行だけ書き写してみる。

タイトルだけでもう面白い「三一新書小特集」　各五〇〇円
1・「ワイセツ」考　国家は性に介入するな
2・猥褻の研究　「愛のコリーダ」起訴記念出版
3・わが闘争・猥褻罪捜索逮捕歴31回
4・猥褻出版の歴史　出版の自由とは？

こんなふうに三一新書が50点続いたあと、硬軟織り交ぜた本が並んでいる。最高値がついているのはグルッペ21世紀編『これがアングラだ！　サイケでハレンチな現代風俗のすべて』（双葉社）初版と、著・村山貞雄、イラスト・矢口高雄『危険な幼稚園教育　子どものために親が読む本』（産報）初版で、いずれも1万円の値がつけられている。

「値段のつけかたには、常々思っているところがあるんです。うちなんかは、ちゃんとした古本屋が捨てるような本を売り物にしてるところがあって、昔の新書のハウツー本みたいなのとかって、まともな古本屋は扱わないんですよ。せいぜい100円か200円で店頭に置くか、捨てちゃうか。それを500円だ800円だと値段をつけて、売れないだろうなと思いながらも、『この本にこの値段をつけるのがうちのスタンスだから』とやってるんですよ。逆に、他の店で1000円つける本でも、うちは200円で売るよってこともある。これだけ本が並んでても、その店がどういう姿勢なのか、1冊ごとに全部出てるんですよ。だから、もしお客さんに『値引きしてよ』って言われたら、『その一言は、店のスタンスを踏みにじる行為だぞ』と言ってやろうと思ってるんですけど、まだ言われたことがないんです」

日没が近づいても、長田さんは仕事を続けていた。邪魔にならないようにと、日が暮れたあたりで、ぼくは一足先に帰途につくことにした。

「夕方の空に、一番最初に見えた星を『一番星』と呼んでいます」。長田さんの部屋に流れていたこども電話相談室で、先生はそう答えていた。一番星は、いつも同じ時間に、同じところに見えるものではなくて、季節によって変わるものなんです。今日の場合は夜の7時ごろ、太陽が沈んだ方向に、金星が光って見えています。その時間だと、金星は地面のすぐ近くにあるので、建物があると見えないかもしれません。こんなふうに、先生は女の子に優しく語りかけていた。

西の空に目をやる。五反田にはビルが建ち並んでいるせいか、一番星は見当たらなかった。自分にとって、星のように輝いているものは何だろう。ぼんやりとそんなことを考えていると、今日の午前中、「古本トロワ」にお邪魔したときのことが思い出された。

長田さんの作業机の上には、2枚の封筒が貼り出してあった。それは、「月の輪書林」の買い取りと、「古書一路」の買い取りを手伝ったとき、謝礼をもらった封筒だ。その封筒には、それぞれ店主直筆のメッセージが書き込まれていた。先輩たちからの封筒は、お守りのように燦然と飾られていた。

7月23日(金曜・祝日)

「今日、いよいよ東京オリンピックの開会式を迎えます」。朝の情報番組はそんなコメントで始まった。２００以上の国と地域から、約1万１０００人の選手が参加する予定だという。続けて、次のニュースが流れる。昨日の東京の新規感染者は１９７９人となり、先週木曜からは６７１人増加し、33日連続で前週同曜日をうわまわったと報じられている。

7時50分、南部古書会館ではもう、古書店主たちが働いていた。いつものように、一番乗りで到着したのは「靖文堂書店」の三木さんで、7時過ぎには仕事に取りかかっている。「想像以上の仕事だと思うでしょ」。本の束を両手に提げながら三木さんが言う。「ほんとにもう、80近い年寄りがやる仕事じゃねえや。しかし、どっちから並べよう。やってみないとわかんないもんな。やってみてからだ。まあいいや、雑誌をまず並べちゃおう」

長田さんが南部古書会館にやってきたのは8時過ぎだった。昨晩は20時近くまで仕事を続けていたという。8時27分になると「小川書店」の田中さんが集合をかけ、朝礼を始めようとする。

「あれ、まだ九曜さんがきてないよ?」

「ほんとだ」

「九曜さんがいないのはマズいよ。九曜チェックをしてもらわないと」

「集合時間まで、まだ3分あるしね」

「今頃、そのへん走ってんじゃない?」

「九曜さん、走るかな?」

「走るイメージがまるでないよね」

ほどなくして全員揃い、朝礼をする。今日は五反田遊古会の初日だ。1階は9時半に、2階は10時が開場時刻となっている。でも、こうして朝礼をしている段階で、表にはお客さんの姿がちらほら見える。8時36分に1階ガレージのシャッターを上げると、待ち構えていたお客さんが一斉に棚に寄り、品物を物色し始める。眺めるだけでなく、手にとって物色している人もいるけれど、気になる商品をキープしないのが暗黙のルールになっているようだ。まだ会場内には入れないように、ビニール紐で通路を塞ぐ。〝こひら〟と呼ばれる平台を軒先に出し、そこにも商品を並べてゆく。

「7月ってこんな暑かったっけ？」汗を拭いながら、赤いドリルさんが言う。

「ねえ。コロナとか関係なく、暑さで倒れますよ」と長田さん。時計の針が9時をまわる頃には、表に20人以上の行列ができていた。

「おい、こんな並ばせて大丈夫かよ」。2階から降りてきた「飯島書店」・飯島啓明さんが言う。「でも、階段に並ばせても暑いもんな」

「そうなんですよ。階段だと、空気がこもっちゃう。結局、湿度が上がるのが一番まずいんですよ」

「だったら、ちょっと早めに開場しちゃえばいいんだよ」

「ちょっとだけね。あんまり早く開けちゃうと、時間通りにやってきたお客さんから『不公平だ！』って言われちゃうから」

悩んだすえに、予定より10分早く、9時20分に1階ガレージは開場した。以前であれば、軒先のロープを切ると、それを合図にお客さんが一斉に詰めかけていた。でも、密を避けるのと、ひとりずつ検温と消毒をやってもらうために、今は軒先のロープは張ったまま、脇の入り口からひとりずつ入場する仕組みに切り替わっている。お客さんはするするすると会場に入り、次から次に本を手に取ってゆく。すぐに買っていく人もいれば、「この本、預かっといて」と帳場に本をキープしておく人もいる。お客さんが何も言わずに帳場に本を置くと、念のために「もうお会計しちゃっていいですか？」と訊ねる。「いや、あとで会計するから置いといて」と言われた場合は、名前を伺って紙にメモし、紛れないように仕分けておく。帳場はフル稼働で、1階ガレージの帳場に立つ長田さんと、「澤口書店」のアルバイト・太田佳紀《よしのり》さんは忙しなく動き続ける。2階も定刻より10分早く開場し、お客さんで埋まった。

「いつもより全然少ないな」。ぼくがお客さんの勢いに圧倒されていると、会場を見渡していた「博文堂書店」の江口さんがそうつぶやく。

「そうっすね。全然少ない」と長田さん。

「いつもの3分の1ぐらいだよ」

「でも、コロナ以降で考えると――」

「そうだね、めちゃくちゃ減ったって感じでもないか」

10時半になると、1階の会計係は月の輪さんと「九曜書房」・加藤隆さんに交代となり、長田さんは一息つく。自動販売機で買ってきたアイスコーヒーを飲みながら、「どうなるか心配だったんで、ホッとしました」と漏らす。

「今の状況を考えると、人が集まる場所に行くことを敬遠する人もいると思うんです。でも、お客さんがきてくれて、ホッとしました。コロナになる前から、お客さんが減ってきてるって話は出てたんですよ。ただ、今の状況になって、流れが変わったところもあって。僕が最初に五反田遊古会で働き始めた頃は、朝イチにドカンとお客さんがきて、昼過ぎにサーッと引いて、あとはさざ波が続く――そういう感じだったんです。最近だと、朝はそんなでもないけど、午後になってもお客さんが途切れないことが多くて。そこらへんは、コロナで状況が変わってきてますね」

ミンミンゼミの鳴き声が響く。風が吹いていることもあり、日陰にいるとわりと涼しく感じる。第一陣のお客さんが帰り始めたところで2階に上がり、棚を眺める。

坪内祐三君が自らコピーした『東京外骨語大学』坪内ゼミ教材　限定4部
坪君講演資料　２０１１年　月の輪見学メモあり

月の輪さんの棚には、こんな品物に並んで、『楽しく学べてぐんと力がつく　社会科ノート』という小学6年生向けのドリルが置かれていた。「なまえ」の欄には「坪内祐三」とある。聞けば、２００１年に実家が競売にかけられたとき、月の輪さんも蔵書の整理を手伝って、そのときに本人の許可を得てもらってきたのだと聞き、すぐに買い求めた。

ドリルは3学期のものらしく、扱っているのは現代だ。目次は「世界の国々とその生活」、「世界を結ぶ交通、通信」、「世界の平和と親善」、「これからの世界と日本」の4章立て。書き込まれた回答を見ながら、ページを繰ってゆく。「宗教による結びつきとは、どんなことか調べましょう」という問題に、坪内少年は「自分のしんこうによりこっきょうをこえてつよくむすびあう」と答えている。

ぼくに南部古書会館の存在を教えてくれたのは坪内さんだ。

２００１年度から２００５年度にかけて、坪内さんは早稲田大学で「編集・ジャーナリズム論」という授業を担当していて、ぼくは最終年に講義を受講していた。２００６年の春で授業が終わってからも、南部古書会館で即売会があるたび、坪内さんは「学生」だった皆を誘ってくれた。

五反田を歩き、角を曲がって南部古書会館が見えてくると、当時の気持ちが今でも鮮明に甦ってくる。即売会に出かけるときはいつも現地集合だった。だからいつも、「この角を曲がれば坪内さんの姿が見えるかもしれない」と緊張した。会場にたどり着き、どの本を手に取るか。へんてこな本を手に取ると、つまらないやつだと思われてしまう。でも、だからといって、興味もないのにシブそうな本を手に取っても、見透かされるに決まっている。

今思えば、なんて余計なことに気を巡らせていたのだろう。

大学を卒業して何年か経つにつれ、「学生」だった皆も少しずつ忙しくなり、一緒に即売会に出かけることもなくなった。ぼくも、次第に南部古書会館から足が遠のいていた。最後に坪内さんと一緒に訪れたのは2011年3月18日だから、もう10年以上前だ。その日は五反田遊古会で古本を買ったあと、銀座から新宿へと、何軒かクルージングした。最後に入った店で、ぼくは実家からティッシュが送られてきた話をした。その年から花粉症になったものの、震災の影響でティッシュは買い占められ、店頭から姿を消してしまった。そこで、実家からティッシュを送ってもらったら、いろんなメーカーのティッシュが届いた——と、他愛のない話だ。

「それで、はっちゃんの好みのティッシュはあったの?」と坪内さんは言った。

「そんなことにこだわれる状況じゃないんですけど、好きなやつが入ってました」と、ぼくは答えた。

「その好みっていうのは大事なことだから、大切にしたほうがいいよ」

自分の好みは何だろう。

棚を眺めながら考える。あれから10年経って、ようやく自分の好みが見えてきたような気がする。1階の均一棚には、比較的新しい本から黒っぽい本まで、ジャンルを問わず雑多な本が並んでいる。「古本トロワ」が〝こひら〟に並べているのは雑誌だ。

「遊古会だと、雑誌を出してる人があんまりいなかったんです」と長田さんが言う。10年、20年前の週刊誌とかって、ネットじゃ売りにくいし、普通の古本屋は捨てちゃうと思うんです。でも、遊古会だと、10年前の何でもない雑誌が売れたりする。今回〝こひら〟に並べるネタも、60年代の古い雑誌と、90年代以降の雑誌があって、どっちを上に並べるか迷ったんですよ。最終的に、新しめのほうが今はウケるよなと思って、そっちを上にしたんですけど、朝イチのお客さんはそっちばっか見てたから、『やったぜ!』と」

反響を呼んだ記事が掲載されている雑誌であれば、古本屋に売られることもあるけれど、ほとんどの雑誌は家庭で処分されてしまう。古本屋も、新しい雑誌には値段がつかないだろうと、市場に出さずに処分することが多いという。だからまとめて仕入れることは難しくて、かき集めるしかないのだと長田さんが教えてくれる。

「古本トロワ」は、実店舗を持たない古本屋だ。ただ、参加している催事は現在のところ五反田遊古会とTOKYO BOOK PARKだけで、これ以上外売りを増やすつもりはないのだという。あくまでネット売りがメインで、参加する催事を増やしてネットが疎かになるよりも、ネットで固定した収益をあげることを大事にしている。

「うちは1000円以上付けられるものだけをネットに出品してるんだけど、1000円以上付けられないものでも、『これは売りたい!』という本がどうしても出てくる。そういう本をあえて安く値付けして、遊古会なんかでは売っています。こういう場所に並べると、面白がってくれる人がいる。基本的にはネット売りで使わないものを〝場〟で売っているから、ネット売りと外売りが両輪になっているんですよね。売り上げとしてはネットだけで成り立つように考えているから、催事で売れたら嬉しいけど、売れなくても痛くはないんです。だから、売り上げを稼ぐために頑張って出品するっていうより、お客さんに面白がってもらえるのが嬉しくて。たとえば、ネットに出すなら800円以上は付けられないな、という本があるすると、この在庫を、800円で催事に出すんじゃなくて、『いいや、200円で出しちゃえ!』と。そうすると、その本は800円だと思っているお客さんからすると、『お、200円で出てる!』って興奮があるじゃないですか。『こういうとこに掘りにきた甲斐があったぜ!』と。そうやって面白がってもらえたら万々歳だし、売れてくれたらもっと嬉しい——そんな感じですかね」

古本市を訪れるお客さんは、やはり長田さんより年長の世代が目立つ。これから先、自分が古本屋として生きていくために、同世代や若い世代に関心を持ってもらいたいという思いもある。

風に吹かれて、雑誌の表紙がめくれている。長田さんはお客さんが買い漁った雑誌の残りをきれいに整える。

「あと15分か」。時計を振り返り、月の輪さんが言う。「さっき見たときはあと20分だったのに、なかなか進まないな」

「もう、感覚が老化してきてるんだよ」と九曜さんが笑う。

「九曜さん、何歳になった？」

「もうすぐ70」

「そっか、九曜さんはもう70歳になるんだ。何だっけ、喜寿？　古希？」

「古希だよ。今度はお祝いやってくんなくていいからね」

「いや――還暦のときはお祝いしたから、今度は奢ってもらおうかと思ってさ。でも、お互いよく生き延びてるよね」

ぽつりぽつりと話しながら、月の輪さんは何度も時計を振り返る。11時26分、交代まであと4分と迫ったところで、次の当番の飯島さんがやってきて、「いいよ、代わるよ。向こうで座ってたって、やることねえんだから」と、会計係を交代する。

五反田遊古会の開催中、1階の帳場にふたり、2階の帳場にふたり、会計係が立っている。入り口に、検温と消毒を促す係。2階に上がる階段の手前で、お客さんから荷物を預かるクローク係。それに、電話番がひとり配置されている。1時間ごとに交代しながら、合間に休憩をとり、お昼を食べにゆく。

12時半になったところで、長田さん、それに「澤口書店」の太田さんと一緒に、近所の中華料理店「梅林《めいりん》」に向かった。店内では「アンデス書房」・芹沢桂三さんが一足先にお昼を食べている。メニューを眺めているうちに、飯島さんや「古書一路」・堀江一郎さんもやってきて、5つある1階のテーブルのうち、6割が古本屋で埋まる。

「あ、ビール飲んでる」。アンデスさんのテーブルを見て、長田さんが言う。

「あれ、ノンアルだよ」と飯島さん。

「そっか、ノンアルか。どうしよう」

「ビールを飲むつもりでノンアル頼むと、侘しくなるよ」

「そうですよねえ。どうしよう」――そう迷いながらも、長田さんはノンアルコールビールを注文した。緊急事態宣言により、今は、お酒の提供が「禁止」されているけれど、以前はこうしてお昼を食べにくると、ビールを飲んでいる店主も少なくなかったという。

店内にはテレビが設置されており、『ひるおび！』が放送されていた。今夜に控える開会式の話題を報じていたところ、12時41分に突然画面が切り替わり、東京上空をブルーインパルスが飛行する姿が映し出された。渋谷上空を通過すると、戦闘機は5色の煙をたなびかせながら旋回してゆく。画面の中の出演者たちは、こどものようにはしゃぎ、12時47分になると五輪の輪を描き始めるのだと伝えている。長田さんと太田さんはテレビには目もくれず、ごはんを頬張っている。

カメラは上空7000フィートから国立競技場を映し出す。でも、12時47分になっても、ブルーインパルスが輪を描く気配は見られなかった。12時49分になり、カメラがアングルを変えると、ブルーインパルスはすでに飛び去ったあとで、五輪の輪は消えかかっている。腕を組んでテレビを見つめていたアンデスさんは、ぐだぐだな展開を前に、静かに笑っていた。

南部古書会館に引き返す途中、路上で空を見上げる人の姿をそこかしこに見かけた。13時半になると、長田さんはふたたび1階の帳場に立つ。一緒に会計を担当するのは「石黒書店」の石黒靖一さんだ。

「今日はまだ5000歩だ」。ケータイを眺めて、石黒さんが言う。

「それ、万歩計が入ってるんですか?」

「そう、最初から入ってる。ほとんど店にいる日だと、2000歩ぐらいしか行かないんだよ」

「それでも歩いてるほうですよ」

「いちおうね、6000歩を目標にしてるんだけど、行かない日がほとんどでね。そういう日は、夕方から歩くんです」

気温は33度に達している。一日で一番暑い時間帯を迎えても、客足が途切れることはなかった。近くを通りかかった配達員が少し足を止めて、軒先の〝こひら〟に見入っている。

1時間経つと、帳場の顔が入れ替わる。長田さんが薬罐にお茶を淹れていると、三木さんがやってきて、「久しぶりに食べちゃお」と、冷蔵庫からアイスを取り出す。

「三木さんって、何歳のときからやってるんですか？」と長田さん。

「俺？　中学出てすぐだから――15だよ。お勉強が嫌いだったからね」

「今おくつでしたっけ？」

「76」

「じゃあ、60年以上だ。自分の店を出したのはいつですか？」

「46――ああ、46歳じゃなくて、昭和46年だよ？　27のときに店を出して、28で結婚したんだ。でも、君は俺と50年ぐらい違うんだけど、大したもんだよ。着眼がすごいよ。今のダークホースだもん」

「まだ本命じゃなくて、ダークホースなんですね」と長田さんが返すと、「それ以上は言わない」と三木さんはアイスを頬張る。それをお茶で流し込むと、「胃の中でびっくりしてるよ」とつぶやいた。

当番を終えた店主たちが、入れ替わり立ち替わりやってくる。手短に一息つくと、自分の棚を直す。他の店主たちより少し遅れて、月の輪さんがやってくる。薬罐の中身はほとんど空になりかけていて、残っているのは1杯分くらいだ。

「お、一番濃いところだ」と月の輪さん。

「今日のお茶、かなり濃いみたいだから、お湯足したほうがいいかもしれない」。一路さんが隣で言う。

「平気、平気。俺、苦いの好きだもん」

「苦いのが好きなの？　それは人間が苦いんだよ」と飯島さんが笑う。

「苦くないですよ。大甘だよ、俺は」。そう言いながらお茶を飲み、これがうまいんだよ、と月の輪さんが言う。

会話に耳を傾けているだけで愉快な気持ちになってくる。いい年齢の大人たちが、冗談を言い合いながら、楽しそうに談笑している。良い職場だ。クローク係のアルバイトの子が、ケータイで高校野球の中継を眺めていても、誰も咎める人はいなかった。

16時になると、1階均一棚の集計が始まる。店舗ごとに分類された値札を、飯島さん、豊蔵さん、長田さんが計算してゆく。10分経っても、長田さんが自分の店舗の集計を続けていると、「まだやってんのか！」と飯島さんが言う。その頃にはもう、飯島さんは4軒ぶんの集計を終えていた。長田さんの作業が遅いわけではなく、それだけ売れた点数が多いということだ。

「××さんは×万だって」

「お、結構売れてるね」

「俺なんか経費払うのでやっとだよ」

集計結果が出ると、店主たちが口々に感想を漏らす。そして、どよどよと「赤いドリル」の棚に店主が集まりだす。今回は1台しか均一をやらず、皆から心配されていた赤いドリルさんだったけれど、蓋を開ければ1台とは思えぬ売り上げだった。

「ドリちゃんの棚、ここだろ？」

「ああ、そっか。新しい本が多いんだ」

「これはいいね。2階に並べるより、こっちのほうが売れるよ」

「たしかに。同じ値段でも、これは2階より1階のほうが売れるね」

17時になると、防災無線から「夕焼け小焼け」が流れてくる。ほら、帰ろうって言ってるよ。誰かがそうつぶやく。この時間になると、お客さんは少なくなったものの、それでもゼロになることはなく、閉場ギリギリまで熱心に棚を見ているお客さんの姿もあった。

「閉場まで、あと5分を切りました」。小川さんがそうアナウンスしてまわる。「明日も10時より開催しております。残り5分を切りました、お品物がお決まりになられましたら、帳場のほうにお願いいたします」

最後のお客さんが会計を済ませると、〝こひら〟を撤収し、ガレージのシャッターを下ろす。2階から、「お金、出ました！」と声がする。1階と2階の集計が終わり、棚台を差し引いた金額が支給される。2日目の終わりにまとめて支払われるのではなく、一日ごとに支払われる。店主たちは値札を数え直し、金額が相違ないか確かめて、封筒の中の金額を改める。

間違いがないとわかると、封筒をそのまま鞄につっこむ人もいれば、封筒から現金を抜き、すぐに財布にしまう人もいる。そして、確かめ終わった人から、いそいそと帰途につく。

「いや、今日は大成功でした」と長田さん。「2階の売り上げから場代と目録の経費が差し引かれるから、2階はマイナスになることが多くて、いつもは1階の売り上げから2階のマイナスを支払ってるんです。でも、今日は2階もプラスだったから、〝払い〟がなくて何よりです」

南部古書会館を背に、五反田駅へと歩く。この2日間を思い返してみると、どうしてネット売りをメインに据える長田さんが五反田遊古会に参加しているのか、よくわかったような気がした。即売会に参加している古本屋の姿は、とても楽しそうだった。

「この業界に入ってよかったなと思うのは、そういうとこなんですよ」と長田さん。「おじいちゃんの年齢になった人たちが、あんなにずっとふざけあってて――でも、売るときはめちゃくちゃ売る。ただ、どんなに売ってても、どう見ても儲かってる感じはしないんですよね。あんな人たち、他にいないですよ。あの人たちと一緒に仕事したくて、五反田遊古会だけはやりたいと思ったんです」

五反田駅で長田さんと別れ、地下鉄に乗り込んだ。ほとんどの乗客はケータイに見入っている。地下鉄に揺られているうち、この3日間で目にした古本屋の姿を、痛快さを、乗客のひとりひとりに語りかけたくなってくる。

おわりに

8月15日、神保町に出かけた。

朝から気温が上がらず、正午が近いというのに気温は19℃と、8月とは思えない肌寒さだ。8月に最高気温が20℃を下回った日は、観測史上5日だけだという。用心して長袖を着てきたけれど、もう一枚羽織ってくればよかった。

古書会館に立ち寄ってみると、お盆で休館中だ。古書会館の1階には受付があり、普段はそこに広報課の大場奈穂子さんの姿がある。

本書で取材したお店のうち、店主と面識があったのは「古書 往来座」と「丸三文庫」、「コクテイル書房」、「古書ビビビ」の4軒だけだ。それ以外のお店に取材を申し込むときは、大場さんに相談に乗ってもらったり、取り次いでもらったりした。今度あらためてお礼を言いにこなければと思いながら、古書会館の前を通り過ぎる。

「新世界菜館」で中華風カレーをテイクアウトし、本の雑誌社へ向かう。他には誰もいないフロアで、編集者の高野夏奈さんがこの本の原稿を整理しているところだ。編集部の片隅でカレー弁当を食べさせてもらって、書籍化に向けた相談をする。

小一時間ほどで打ち合わせを終えて、靖国通りを歩く。交差点にはバリケードが張り巡らされており、警官が警戒に当たっている。8月15日は毎年デモが行われており、大変な騒ぎになるのだと高野さんが教えてくれた。でも、例年に比べると人出が少ないのか、今年は警戒体制が緩やかなほうだという。

都営新宿線で新宿に出る。京王新線口の改札近くにモニターが設置されていて、新型コロナウイルス感染症対策分科会の尾身茂会長が感染拡大防止を呼びかけている。地下通路を抜け、小田急線に乗り換える。電車に乗るあいだ、まわりの人の動きを目の端で追う習慣がついた。しばらく地下を走っていた小田急線は、梅ヶ丘駅の手前で地上に出る。梅ヶ丘の次が豪徳寺だ。

駅から南に細い道が延びている。花屋に薬局、フィットネスに床屋、スーパーマーケットに市場、インド料理屋に唐揚げ屋と、道の両脇に商店が軒を連ねる。田舎育ちなせいか、私鉄沿線の各駅前に商店街が広がっているのを見るたびに、新鮮に驚いてしまう。2分ほど歩くと、「靖文堂書店」が見えてくる。8月15日でも、「靖文堂書店」はいつもと変わらず営業しているようだ。

店内に入り、棚を眺めているうちに、「靖文堂書店」店主・三木敏靖さんの言葉を思い出す。五反田遊古会で本を並べているとき、「想像以上の仕事だと思うでしょ。ほんとにもう、80近い年寄りがやる仕事じゃねえや」と三木さんは言った。

古本屋の取材をしようと思ったきっかけは、それが「想像以上の仕事」だと感じたことにある。

3年前の初夏、古本屋の友人たちが京王閣で開催された「東京蚤の市」に出店すると聞き、遊びに出かけた。「東京蚤の市」は朝9時から夕方まで、2日間に渡って開催されていた。昼過ぎに立ち寄ってみると、友人たちは交代で店番をしながら、ベンチで仮眠を取っていた。古本市に出かけたことは何度となくあるし、一緒にお酒を飲んだことも数えきれないほどあったけれど、古本屋の仕事の大変さを垣間見たような気がした。古本を売るには、品物を仕入れ、在庫を抱え、古本市があれば会場に搬入し、店番をする。古本市が終われば撤収し、また本を運び出す。その繰り返しだ。

古本屋の仕事を、古本屋の生活を記録できないか。そう思ったのが、この『東京の古本屋』という連載の始まりだ。

連載のもうひとつのテーマは、オリンピックがやってくる2020年に、東京の風景を記録することにあった。連載の第1回目を、2020年を目前に控えた2019年12月に設定したのは、そんな理由からだ。「古書往来座」の回のラストを、「2020年はどんな年になるだろう」と締めくくっている。原稿を書いていた時点では、2020年がこんな年になるだなんて、想像もしていなかった。

２０１９年12月に始まった連載は、月に１軒ずつ取材し、全12回で終えるつもりでいた。だが、新型コロナウイルスの感染が拡大し、連載は中断を余儀なくされた。「３日間、お店にお邪魔させてください」なんてお願いすることは、コロナ以前でもハードルが高かった。コロナの影響で、以前にも増して取材のお願いをしづらくなった。

どうにか取材を再開した頃には、夏が終わり、秋になっていた。そこから毎月のように取材を重ねてきたけれど、「古書みすみ」と「古本トロワ」までのあいだにも５ヶ月の空白がある。３月、５月と開催中止となった五反田遊古会が再開されるのを待ち、ようやく取材が叶ったのが７月だった。

この連載で取材したのは10軒だけだ。「東京の古本屋」なんて大それたタイトルをつけてもらったのに、取材できたのはごく一部だ。なるべくいろんな地域の古本屋を取材できたらと考えてはいたけれど、東京の古本屋を網羅したとはとても言えないだろう。

わずか10軒とはいえ、取材を重ねるうちに気づいたのは、10軒あれば10通りの古本屋があるということだ。棚の並びや扱うジャンルが違うのはもちろんのこと、佇まいや流れる空気も店ごとに異なる。人の気質が店を作る。

印象的だったのは、どの古本屋も働き通しだったこと。「仕事が好き」だとか、「仕事熱心」と書いてしまうと、こぼれ落ちてしまう何かがそこにある。仕入れてきた本に値付けをして、棚に補充する。定期的に棚を触り、どうすればお客さんが買っていきそうかと思案する。その繰り返しを飽きることなく続けている人ばかりだった。

古本屋は古本を売る仕事だけど、古本を人に売る仕事なのだと、「盛林堂書房」の小野さんは語っていた。古本屋の仕事は本の価値を鑑定するだけでなく、それを買ってくれそうなお客さんはいるか、お客さんはどこに視線を向け何を手に取るか、よく観察する必要がある。古本屋は人間相手の商売であり、とても人間くさい仕事だ。その人間くささが、店にも満ちている。

取材させてもらえませんかとお願いすると、「3日間もいても、時間を持て余すと思いますよ？」と言われることも多かった。でも、時間を持て余すことは一度もなかった。通い慣れたお店であったとしても、朝から晩まで居座ると、かならず発見があった。「取材してやろう」と気負って過ごしたわけでもなく、質問らしい質問もあまり投げかけなかった。そっとお店の片隅に佇んで、お客さんが途切れたタイミングでぽつりぽつりと言葉を交わす。２０１９年から２０２１年にかけて、そんなふうに人と過ごすことができたのは、今振り返ってみても幸福な時間だった。

コクテイル書房《しょぼう》
18時〜20時（土日は12時〜15時も）
〒166-0002
東京都杉並区高円寺北3-8-13
JR中央線高円寺駅より徒歩10分ほど。
https://www.koenji-cocktail.info/
Twitter：@cocktail_books

北澤書店《きたざわしょてん》
平日11時〜18時30分、
土曜日12時〜17時30分
〒101-0051
東京都千代田区神田神保町2-5
北沢ビル2F
各線神保町駅より徒歩３分ほど。
http://www.kitazawa.co.jp/
Twitter：@kitazawa_books

古書《こしょ》みすみ
12時開店。水金定休
〒184-0015
東京都小金井市貫井北町3-6-31
JR中央線武蔵小金井駅より徒歩20分ほど。同駅北口から京王バス【武31】で「プール前」停留所すぐ。
https://www.kosyomisumi.com/
Twitter・Instagram：@koshomisumi

古本《ふるほん》トロワ
無店舗
Twitter：trois3osd
https://www.kosho.or.jp/abouts/?id=12042140 （日本の古本屋）

＊　＊　＊

東京都古書籍商業協同組合
（東京古書組合）
大正9（1920）年に結成、
都内に７支部を擁する古書組合。
一般向けの即売会も開催。
〒101-0052
東京都千代田区神田小川町3-22
東京古書会館内

インターネットサイト
「日本の古本屋」
https://www.kosho.or.jp/

古書《こしょ》 往来座《おうらいざ》

12時台～20時（月曜定休）
〒171-0022
東京都豊島区南池袋3-8-1-1F
各線・池袋駅、JR山手線目白駅より徒歩８分ほど。東京メトロ雑司が谷駅、都電荒川線鬼子母神前駅より徒歩６分ほど。
https://ouraiza.exblog.jp/
Twitter：@OURAIZA

盛林堂書房《せいりんどうしょぼう》

11時～18時30分。月曜定休
〒167-0053
東京都杉並区西荻南2-23-12
JR中央線西荻窪駅南口より徒歩３分。
https://www.seirindousyobou.com/
Twitter：@seirindou

丸三文庫《まるさんぶんこ》

月・水：12時～19時
（火・木・金：～18時、土：～17時）。
日・祝定休
〒169-0051
東京都新宿区西早稲田2-9-16-101
東京メトロ・早稲田駅＆西早稲田駅、都電荒川線面影橋駅より徒歩８分ほど。
https://redrum03.hatenablog.com/
Twitter：@marusanbunko

BOOKS《ぶっくす》 青《あお》いカバ

11時～21時(日祝～19時)。火曜定休
〒113-0021
東京都文京区本駒込2-28-24
谷口ビル1F
最寄駅：JR山手線＆東京メトロ駒込駅、都営三田線千石駅より徒歩７分ほど。
https://www.bluekababooks.shop/
Twitter：@hippopotbase

古書《こしょ》ビビビ

12時～21時。火曜定休
〒155-0031
東京都世田谷区北沢1-40-8
土屋ビル1階
小田急線・京王井の頭線下北沢駅より徒歩５分ほど。
http://bi-bi-bi.net/
Twitter：@binbinstory

岡島書店《おかじましょてん》

10時～19時。不定休
〒124-0012
東京都葛飾区立石1-6-19
京成押上線立石駅より徒歩約７分ほど。

橋本倫史　はしもとともふみ
1982年、広島県東広島市生まれ。2007年に『en-taxi』（扶桑社）に寄稿し、ライターとして活動を始める。同年にリトルマガジン『HB』を創刊。以降、『hb paper』、『SKETCHBOOK』、『月刊ドライブイン』などのリトルプレスを手がける。著書に『ドライブイン探訪』（筑摩書房）、『市場界隈　那覇市第一牧志市場界隈の人々』（本の雑誌社）。

東京の古本屋
2021年10月10日 初版第1刷発行

著者　橋本倫史
発行人　浜本茂
発行所　株式会社 本の雑誌社
〒101-0051
東京都千代田区神田神保町1-37 友田三和ビル
電話　03（3295）1071
振替　00150-3-50378
印刷　モリモト印刷株式会社

定価はカバーに表示してあります
ISBN978-4-86011-462-6　C0095
©Hashimoto Tomofumi, 2021　Printed in Japan